KB163502

지적 생활의 설계

*이 책은 한국에서 통용되는 상황에 맞춰 원서의 내용을 발췌 및 편집하였습니다.
*인용된 도서의 제목은 번역 출간된 도서의 제목과 원서 제목을 함께 표기했습니다.

知적 생활의 설계

호리 마사타케 지음 | 홍미화 옮김

흥익출판사

차례

04   지적 생활에 필요한 도구와 습관

당신만의 지적 생활을
설계하라

우리는 1년 후, 3년 후, 5년 후, 10년 후에 어떤 생활을 하고 있을까요? 어떤 지식이나 경험을 쌓고, 무엇에 의지하며 살아갈지, 더 막연하게는 과연 후회 없는 삶을 살아가고 있을지 궁금합니다.

미래를 알 수 있는 사람은 어디에도 없기 때문에 많은 책들이 미래에 대한 불안이나 불확실성에 지혜롭게 효과적으로 대처하라고 말합니다. 어떤 책은 대부분의 일들이 말하기 능력에 따라 결정되니 이 부분을 계발하라고 권하고, 또 어떤 책은 삶이 결단력과 창조성으로 결정되니 이 방면에 관심을 쏟으라고 말합니다.

언뜻 들으면 나름대로 설득력이 있지만 뭔가 빠진 듯한 느낌을 지울 수가 없습니다. 천 리 길도 한 걸음부터라며 첫 걸음에 관해 말하는 책은 흔하지만, 몇 백 리 앞으로 가기 위해 어떻게 하면 좋은지를 알려주는 책은 좀처럼 찾기 어렵습니다.

불확실한 세상에서 미래의 삶을 더 지혜롭고 풍요롭게 살기 위해서는 어떻게 하면 좋을까요? 나는 그 해답이 '지적 생활'을 설계하는 사고방식에 달려 있다고 생각합니다. 그래서 이 책에는 보다 장기적인 관점에서 '10년 후를 목표로 지금 할 수 있는 무엇'을 정리했습니다.

그 첫 번째 열쇠는 '지적 생활'입니다. 지적 생활이란 한마디로 말해서 우리가 정보와 마주하는 방식입니다. 책을 읽는 것, 영화를 보는 것, 취미생활을 하는 것, 그 어느 것이라도 관계가 없습니다. 새로운 정보의 축적이 어떤 방식으로든 개입된다면, 그것이 바로 '지적 생활'입니다.

한 권의 책이나 새로운 정보와의 만남을 즐기다가 그것이 축적되면 자신의 삶을 어디로 향하게 할지 방향성을 의식하게 됩니다. 그러다 보면 우리는 단순히 정보를 허비하는 일상이 아니라 하루하루를 성장하는 여정으로 바꿀 수 있게 됩니다.

다른 하나의 열쇠는 '설계'입니다. 일주일에 한 권의 책을 읽는 생활과 두 권의 책을 읽는 생활은 단기적으로 보면 별 차이가 없어 보입니다. 하지만 3년, 5년 후면 커다란 차이를 만듭니다.

따라서 미래의 목표를 향해 얼마의 속도로 정보를 모을지 계획하고 하루하루 지적 생활을 유지하기 위한 '일상의 설계'라는 관점을 의식하는 일은 아주 중요합니다.

10년 후를 위한 성명서

오늘날 대부분의 사람들은 삶의 목표가 점점 흐릿해지고 의지할 길잡이가 없는 세상을 살아가고 있습니다. 현재를 살아가는 일에만 필사적일 뿐 10년 후를 생각할 여유가 없는 사람들이 많습니다.

그럴 때 마지막으로 의지할 수 있는 것은 외부에서 주어지는 형식적인 답이 아니라 우리 안에서 생겨나는 호기심과 열정입니다. 지적 생활을 설계하는 것은 바로 그런 호기심이나 열정에 의지해 오늘을 즐기면서 미래를 향해 지식을 저축해나가는 사고방식입니다.

이 책은 '나의 흥미나 발견을 축적하면 머지않아 미래가 멋지게 펼쳐질 것'이라는 확신을 향한 성명서이기도 합니다. 이 책에서 제안하는 기술이나 관점을 통해 여러분 한 사람 한 사람의 흥미와 열정이 풍요로운 지적 생활로 결실 맺기를 바랍니다.

호리 마사타케 堀正岳

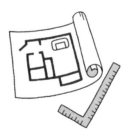

지적 생활이란 무엇인가?

지적 생활이란 새로운 정보를 만나는 자극을 즐기고
새로운 정보를 확대·재생산하는 삶의 방식입니다.
그런 삶의 방식을 자기만의 것으로 설계해봅시다.

1.
지적 생활이란
무엇인가?

이 책의 목표는 당신의 인생을 크게 변화시키는 데 있습니다. 그러나 '일의 효율을 10배로 높이는 생산성의 비밀'이나 '가치관을 바꾸면 인생이 바뀐다!' 같은 식으로 즉시 효과가 나타나는 기술을 말하는 건 아닙니다.

그보다는 어떻게 하면 당신의 열정을 최대한으로 끌어 모아 앞으로의 삶을 바꿔나갈 수 있을지를 소개하는 책입니다. 평소에 흥미가 있어 끌리던 것, 마음에 들어 꼭 읽어보고 싶었던 책, 또는 다시 시도해보거나 도전하고 싶은 취미가 있습니까?

일상의 취미생활을 단순히 시간을 보내기 위한 수단이 아니라 앞으로 자신을 이끌 '라이프워크Lifework. 삶과 일이 균형 있게 조화를 이루는 일-역주'로 성장시키는 것, 생활 속에서 쌓은 지식과 경험을 일하는 데 필요한 발상과 통찰로 쌓는 것, 이렇게 쌓아올린 나만의 개성을 무기 삼아 인생을 장기적으로 개척해가는 것, 이것이 바로 이 책이 이루려는 목표입니다.

여기서의 핵심은 당신이 자신의 일상을 '지적 생활'로 인식하는 관점입니다. 지적 생활이라고 하면 왠지 학문적이고 고상한 관념을 내세울 때 요구되는 특별한 것처럼 들릴지 모릅니다.

'지적 생활'이라는 말에 익숙하지 않은 사람이라면 이를 부정적으로 이해해서 지적 생활을 하지 않는 사람은 마치 지적이지 않다고 여기는 것처럼 들릴 수도 있습니다. 하지만 현대와 같은 정보사회에서 지적 생활과 전혀 무관하게 살아가는 사람은 거의 없습니다.

당신도 가끔은 일에 필요한 책을 읽을 것이고, 음악과 영화를 즐길 때도 있을 겁니다. 취미생활을 위해 가끔은 빠듯하게 모은 돈을 쓴다든지, 아예 짐을 싸들고 먼 나라로 여행을 떠나기도 하겠지요. 이런 모든 활동이 '지적 생활'의 시작이라고 볼 수 있습니다.

'지적 생활'은 정보를
받아들이는 방식을 의미한다

일본에 지적 생활이라는 말을 처음 퍼뜨린 것은 영어학자이자 평론가인 와타나베 쇼이치渡部昇一의《지적 생활의 발견知的生活の方法》이라는 책입니다.

19세기 영국 빅토리아 시대의 미술평론가 필립 길버트 해머튼Philip Gilbert Hamerton의《지적 생활의 즐거움The Intellectual Life》에서 크게 영감을 받은 이 책은 '책을 읽거나 글을 쓰는 시간이 일상에서 큰 비중을 차지하는 사람들'을 위한 개인적인 도서관 만들기와 정보를 정리하는 법을 소개하며 베스트셀러가 되었습니다.

와타나베는 다음과 같은 필립 길버트 해머튼의 유명한 말을 충실히 반영하여 책을 썼다고 말할 정도였습니다.

"살아가는 기쁨을 만끽하려는 타고난 본성, 그것이 우리를 지적으로 만드는 힘이다."

그런가 하면 연구나 지적 활동이 직업인 사람들을 대상으로 쓴 우메사오 다다오梅棹忠夫의《지적 생산의 기술知的生産の技術》이라는 책도 있습니다.

'정보화 사회'라는 말을 최초로 소개한 이 책은 지적 생산을 '인간의 지적 활동이 어떤 새로운 정보의 생산으로 향하는 것'으로 정의하고, 그런 활동을 돕는 노트 이용법, 정보 카드 사용법, 정보 규격화와 정리법을 소개해서 많은 독자들의 호응을 이끌어냈습니다.

와타나베 쇼이치는 영문학을 전공한 입장에서, 우메사오 다다오는 비교문명론을 전공한 입장에서 각자 경험한 지적인 삶의 방식을 정리한 책들이라고 할 수 있습니다. 하지만 우리가 주목해야 할 것은 이들 모두 학문적인 입장에서만 지적 생활이나 지적 생산이 의미 있다고 주장하지 않았다는 점입니다.

이들은 일선에서 활동하는 연구자였기 때문에 막대한 양의 정보를 접할 수 있었고, 이를 스스로 정리해서 새로운 연구를 위한 공부나 도구, 즉 '지적인 생활의 방식'에 관해 소개할 수 있었습니다. 요컨대 반드시 학문적인 목적이 아니어도 자신을 지적으로 자극하는 정보라면 무엇이든 좋다는 뜻입니다.

지적이라는 말은 '머리가 좋다'는 의미도 아니고 공부를 잘하거나 학문적이어야 한다는 말도 아닙니다. 그보다는 주변에 차고 넘치는 정보를 받아들이는 방법이 지적이어야 한다는 것입니다.

현대의
지적 생활

와타나베 쇼이치는 1976년에 발간된 책의 머리말에서 이미 '현대라는 정보의 홍수'라는 말을 썼는데, 폭발적으로 발전한 지금의 정보사회와 비교하면 지극히 미비한 표현이라고 할 수 있습니다.

과거에 비해 책을 비롯한 정보 매체의 사용률은 몇 배로 늘었고, 휴대폰과 같은 전자기기가 생활필수품이 되면서 매체의 다양성도 예전과는 비교가 되지 않을 만큼 발전했습니다. 무엇보다도 인터넷이라는 존재가 우리들이 일상적으로 접하는 정보량을 엄청나게 늘려놓았습니다.

따라서 이제 지적 생활은 예전처럼 '책을 읽는 사람'뿐만이 아니라 동영상을 보는 사람, 인터넷을 이용하는 사람, 그림을 그리거나 조립식 장난감을 만드는 사람처럼 온갖 정보를 접하는 활동을 포함합니다.

그래서 나는 여기에 우메사오 다다오가 제시한 지적 생산의 정의를 차용해서 현대적 의미의 지적 생활을 다음과 같이 바꿔보았습니다.

지적 생활은 새로운 정보와의 만남과 자극이 단순한 소비에 머무르지 않고 새로운 지적 생산으로 이어지는 것으로, 이로 인해 우리는 일상을 보다 제대로 즐길 수 있게 되었다. 다만 일을 하는 데 지적 자극을 활용하려면 몇 가지 지침이 있다.

세상에 널린 정보를 가지고 흔해 빠진 결론만 내는 것에 그치지 않고 나만이 느낀 경험을 세상에 내보이겠다는 각성을 해야 한다는 것이다. 여기저기서 쉽게 찾을 수 있는 정보를 접하더라도 나만의 독창적인 체험으로 확장하는 것, 그것이 바로 지적 생활이라고 할 수 있다.

지적 생산에 관한
책의 고전

필립 길버트 해머튼의 《지적 생활의 즐거움》

해머튼은 시인이자 화가로 활동하다가 미술잡지 편집과 비평 활동을 한 19세기 작가이다. 《지적 생활의 즐거움》은 지적 노동자만이 아니라 모든 계층의 사람들에게 보내는 편지 형식으로 쓰였으며, 지적인 생활을 위한 마음가짐과 시간 활용법 등 구체적인 조언을 제공하여 이 분야의 선구적인 책이 되었다.

A. G. 세르티앙즈 Antoin-Gilbert Sertillanges**의 《지적 생활**The Intellectual Life : It's Spirit, Conditions, Methods**》**

도미니크회 수도사였던 세르티앙즈는 토마스 아퀴나스의 논리학을 연구한 철학자로, 젊은 신학생을 위해 이 책을 쓰면서 경건한 반성과 라이프워크의 방법을 구체적인 고찰로 기술했다. 1920년에 프랑스에서 발간된 이래 이 분야의 스테디셀러로 사랑받고 있다.

2.
일상을 바꾸는
'지적 축적'의 법칙

독서뿐만 아니라 만화나 영화, 인터넷 검색도 '지적 생활'이라고 했는데, 그렇다면 그 내용을 원하는 그대로 소비해도 괜찮은 걸까요? 대답은 '그렇지 않다'입니다.

우메사오 다다오는 어떤 새로운 정보를 생산하는 것을 지적 생산의 필수 요소로 보고 그 외의 활동, 즉 바둑을 두거나 악기를 연주하는 것, 그리고 즐거움을 위해 책을 읽는 것은 모두 '지적 소비'라고 명확히 구별했습니다. 그것이 좋지 않다는 의미가 아니라 정보를 생산하는 활동과 그렇지 않은 활동은 별도임을 분명히 하고자 이런 단어를 사용한 것입니다.

그렇다면 새로운 정보를 생산한다는 것은 어떤 상황을 말하는 걸까요? 책을 읽으면 감상이 생깁니다. 특히 마음을 움직이는 책을 읽으면 직접 쓰고 싶어질 때도 있습니다.

이처럼 당신이 정보를 접한 결과로 이전에는 시도해보지 않았던 일을 하거나 사용하지 않았던 새로운 단어와 표현을 쓰는 것도 넓은 의미에서 '새로운 정보와의 만남'이라고 할 수 있습니다. '지적인 축적'을 반복하면 이제껏 보이지 않았던 연관성을 발견하는 즐거움을 느낄 수 있고, 그것이 다시 새로운 정보로 확대·재생산될 수 있습니다.

"왕은 죽었다! 폐하 만세!"

대학 시절에 어느 유명한 축구 선수의 은퇴를 보도하는 기사를 보았습니다. '왕은 죽었다! 폐하 만세!The king is dead, long live the king'라는 구호를 부제목으로 넣은 글이었습니다.

이 말은 중세시대 프랑스 국왕의 왕권 이행에서 관례적으로 외치던 구호로, 내전을 피하기 위해 죽은 왕을 땅에 묻자마자 다음 국왕의 장수를 기원함으로써 왕권의 연속성을 지킨다는 의미가 담겨 있습니다.

재미있는 일은 그 다음부터였습니다. 오랫동안 이 말의 묘미를 머릿속에 담고 있던 나는 중세시대 프랑스의 왕권에 관한 내용을 다룬 책들을 탐독하는 한편으로, 똑같은 표현을 사용한 기사를 수집하는 일을 15년 넘게 해왔습니다.

가령 2009년 제51회 그래미상에서 최우수 작곡상을 받은 영국의 록밴드 콜드 플레이Coldplay의 〈비바 라 비다Viva La Vida〉의 가사에도 이 말이 등장했고, 인기 차종의 디자인이나 형태를 변경할 때, 새로운 인기 프로그래밍 언어가 등장할 때도 사용되었습니다.

나는 학자처럼 연구할 생각으로 이 문구에 관심을 가진 건 아닙니다. 단지 소리가 재미있고, 왠지 끌리는 구석이 있어서 계속했을 뿐입니다. 그러다 점점 시간이 지남에 따라 그런 작업이 하나둘 쌓이더니 어떤 장면에 이 말이 쓰이는지, 어떤 배경을 가진 사람이 어떤 인상을 남기기 위해 이 말을 사용하는지, 그 모든 것들에 마치 숨겨진 메시지가 존재하는 것처럼 관련성이 보이기 시작했습니다. 그리하여 지금은 지난 15년에 걸친 작업을 통해 다양한 용법과 변천을 정리한 자료를 갖게 되었습니다. 언젠가 이것들에 관해 한 권의 책으로 엮기는 힘들지 몰라도 에세이 한두 편 정도는 쓸 수 있지 않을까 생각합니다.

이렇듯 '자꾸 신경 쓰이는 단어나 문장', '이질감이 느껴지는 어떤 것과의 만남'을 기록하고 축적하면 머지않아 그런 정보와의 만남이 통신망처럼 이어지기 시작합니다.

　한 번의 독서나 한 번의 체험만으로 끝나지 않는 '지적인 축적'이야말로 당신의 일상 하루하루를 '지적 소비'로 낭비하지 않게 하는 열쇠가 될 것입니다.

고맥락 시대를
즐겨라

우리 주변에 엄청난 양의 정보가 존재한다는 사실은 아직 발견되지 않은 연관성이나 해결되는 않은 문제가 무수히 많다는 뜻이기도 합니다.

　예를 들어 얼마 전 인기 만화가가 유명한 텔레비전 프로그램의 한 장면이나 영화 포스터 등을 은근슬쩍 패러디해서 자신의 작품에 넣었는데, 그것을 알아본 팬이 SNS에 소개하여 화제가 된 일이 있었습니다. 물론 이 점을 알지 못해도 작품을 즐기는 데 문제는 없지만, 요즘은 조금만 안으로 파고들어가면 더욱 깊이 있게 작품 속으로 빨려 들어갈 수 있는 장치가 차고 넘치는 시대입니다.

작품과 그것의 수용을 소통으로 생각한다면, 이것은 문화인류학자 에드워드 트위첼 홀Edward Twitchell Hall이 '고맥락 문화'라 부르는 상태에 가까워진다는 사실을 알 수 있습니다.

'고맥락High context'은 사실의 인식이나 전제가 되는 가치관이 정보를 발신하는 사람과 그것을 받아들이는 사람 사이에 높은 수준으로 공유되기 때문에 '전부 말하지 않고도 얼마간의 정보를 전달하는 상태'를 말합니다.

두 번 만나면 메모하고,
세 번 만나면 기록한다

하지만 세상은 알기 쉬운 정보만으로 이루어져 있지는 않습니다. 어떤 곳에 몰래 숨겨진 것이 다른 장소에서는 공공연히 알려진 경우도 있습니다. 그런 사실을 알아내기 위해서는 긴 세월의 경험에서 얻은 지적 축적을 열쇠로 삼아야 하는 경우가 많습니다.

이런 열쇠를 많이 모으려면 오늘부터 '두 번 만나면 메모하고, 세 번 만나면 기록' 하는 습관을 실천하기 바랍니다.

'왕은 죽었다! 폐하 만세!'를 예로 든다면, 처음 그 표현을 접하고 궁금해서 사전을 펼쳤을 때는 그것이 특별한 정보임을 깨닫지 못했습니다. '처음 접한 정보'는 언제 어디서든 존재하기 때문입니다.

　하지만 두 번째 접했을 때 처음처럼 궁금하거나 흥미가 생기면, 그것을 소상히 적어나가 보십시오. 머지않아 그것이 세 번째가 되면 이제 훌륭한 축적이 시작됩니다.

　두 번째와 세 번째의 만남이 짧은 시간 안에 이루어질 때도 있고, 몇 년이 걸리는 경우도 있습니다. 하지만 호기심에 대한 인간의 기억은 믿을 만합니다. 몇 년이 걸려도 '아, 이것은 그때의 무엇'이라는 기억이 되살아난다면, 이미 지적인 축적의 멋진 기회를 만난 것과 다름없습니다.

3.
지적 생활의
역할은 무엇인가?

지금까지 설명을 보면 '그런 연관성을 찾아낸다고 해도 마니아들이나 좋아하지 않을까?', '지적 생활에 어떤 이득이 있을까?' 등등의 의문이 생길 것입니다.

물론 지적 생활이 인생을 풍부하게 만들어준다고 하지만, 그 일에 주목한다고 해서 비즈니스 능력이 향상되거나 취업하는 데 도움이 되는 일은 별로 없습니다.

더 나아가 수입이 늘거나 명예가 생기는 등 눈에 띄는 장점이 있을지도 장담할 수 없습니다. 그런 의미에서 지적 생활에 의문을 품은 많은 사람들에게 나는 두 가지 답을 말할 수 있습니다.

지적 생활의
장점

최근의 비즈니스 관련 도서들은 단순히 경제경영 문제에 그치지 않고 교양이나 예술을 주제로 하는 등 폭넓게 외연을 확장하고 있는 경향을 보입니다.

이런 책들이 곧바로 깊이 있는 교양을 제공하거나 현실적인 이익을 가져다 줄지는 미지수지만, 지식을 얻고 사고력을 키워 스스로 정보를 음미하고 타인에게 전할 수 있는 능력이 향상된다는 면에서는 큰 가치가 있습니다. 여기서 한 발 더 나아가 어느 분야에 깊이 있게 공부하는 계기가 된다면, 이런 책들에 의미와 가치가 있다고 할 수 있습니다.

미국이나 유럽의 사업가나 사회적 기업의 리더들 중에는 바쁜 와중에도 엄청난 양의 책을 읽는 사람들이 많습니다. '독서량과 수입은 비례한다'는 그럴듯한 주장도 나올 정도입니다. 그런 의미에서 지적 생활에는 물질적인 이점이 있는 듯이 보입니다.

하지만 여기엔 허점이 도사리고 있습니다. 정보나 지식의 양이 많을수록 유익한 것처럼 보이지만, 그것은 이미 검색 가능한 보편적인 것이 되어버렸기 때문에 정보로서의 가치가 줄어듭니다.

따라서 많은 양의 정보를 습득하는 능력보다 적절한 순간에 쓸 수 있는 '정보의 편집 능력'의 가치가 훨씬 더 큽니다. 여기에 지적 생활에 의한 축적을 실천하는 의미, 그리고 장점이 있다고 할 수 있습니다.

일상적 상황에서 정보의 편집 능력이란 그 순간에 어울리는 화제를 생각해내거나, 또는 주어진 일 속에서 창의성을 발휘하기 위한 발상 능력입니다. 그리고 궁극적으로 당신만이 할 수 있는 정보의 정리 방식이라고도 할 수 있습니다.

마이크로소프트 창업자 빌 게이츠는 여름이 되면 휴가 때 읽을 예정인 도서 목록을 공개합니다. 2018년에는 스웨덴의 통계학자 한스 로스링Hans Rosling의 《팩트풀니스Factfulness》, 미국 작가 월터 아이작슨Walter Isaacson의 《레오나르도 다빈치Leonardo da Vinci》, 조지 손더스George Saunders의 《바르도의 링컨Lincoln in the Bardo》 등을 엄선하여 정보의 깊이와 감정의 깊이를 겸비한 책들을 선정했음을 보여주었습니다.

버락 오바마 전 미국 대통령도 여름에 읽는 서적 목록을 공개하는데, 같은 해 그는 미국 작가 타라 웨스트오버Tara Westover의 《배움이란Educated: A Memoir》과 영국 작가 비디아다르 네이폴Vidiadhar Naipaul의 《비스와스 씨를 위한 집A House for

Mr Biswas》을 선정했습니다.

두 사람이 선정한 책은 이미 베스트셀러나 화제작으로 널리 알려지기는 했지만, 저마다의 개성이 드러난다는 점에서 흥미롭습니다.

빌 게이츠가 선정한 목록에는 테크놀로지와 그의 자선사업 관련 서적이 포함되어 있고, 버락 오바마의 목록에는 미국의 미래를 예상하거나 인종, 문화의 다양성에 관한 책이 들어 있습니다. 선정도서 자체가 그들의 개성인 셈입니다.

무라카미 하루키는 《노르웨이의 숲》에서 '타인과 같은 것을 읽으면 타인과 같은 사고방식밖에 만들 수 없다'고 말했습니다. 즉 우리들의 지적 생활도 받아들인 정보를 나만의 개성대로 편집하면 타인과 다른 것을 추구할 수 있게 된다는 뜻입니다. 그렇기에 지적 생활의 축적은 고유한 개성으로 이어지는 '지름길'이기도 합니다.

지적 생활에 '빨리'는 없다

하지만 이 지름길은 우회하는 길이기도 합니다. 지적인 축적의 대부분은 책이나 음악, 동영상이라는 정보와의 우연한 만남에서 생깁니다. 그리고 내가 '왕은 죽었다! 폐하 만세!'라는 관용구를 탐구했던 것과 마찬가지로 자기만족적인 측면도 있습니다.

장점이 있다고 단언할 수 있는 책과 정보들은 이미 세상에 알려진 것들이 많아서 지속적으로 실천하기에 지루하고 괴로운 작업이 되기 쉽습니다. 이래서는 즐거운 지적 생활에 이르지 못합니다.

처음부터 알기 쉬운 사실이나 교양을 추구하며 지적 생활의 축적을 시작하기보다는 오히려 강하게 끌리는 취미나 잡학, 흥미를 불러일으키는 주제 등에 집중하면서 장기적으로 착실하게 자신만의 가치를 만들어가길 바랍니다.

물론 이 방법은 지름길이기는커녕 명백하게 우회하는 길입니다. 하지만 우회하지 않는 지식이나 경험은 대개 누군가가 이미 생각한 것이어서 나만의 개성으로 빛날 수 없습니다. 지적 생활로 쌓은 정보들은 누구나 간단하게 얻은 게 아니라서 특별한 것입니다. 그렇기에 우회하는 것이 오히려 가장 가까운 지름길이 되는 삶의 방식이라고 말할 수 있는 것입니다.

결과적으로 이런 축적이 다른 사람들의 주목을 받거나 수

입으로 이어질 수도 있습니다. 독창적이면서도 착실히 실천해나가는 축적은 사람들에게 호감을 불러일으키기 때문입니다. 하지만 모든 축적에 다른 사람들이 좋아할 만한 점이 있는 건 아닙니다.

삶을 하나의
이야기로 만들자

60년 동안 쓴 일기를 공개한 것으로 유명한 프랑스 태생의 미국 소설가 아나이스 닌Anais Nin은 다음과 같은 말을 남겼

습니다.

"모든 사람에게 공통이 되는 세상의 의미 따위는 없다. 우리는 자신의 인생에 개별적인 의미와 줄거리를 부여한다. 한 사람이 하나의 소설, 하나의 책인 것처럼."

이제 이 책에서 '지적 생활의 축적'이라는 말이 등장할 때마다 이렇게 의식해보기 바랍니다. 그것은 누군가가 칭찬해서 배우는 것도, 눈에 보이는 이익이 있어서 추구하는 것도 아닌, 오직 자신만이 떠올릴 수 있는 정보와의 만남이라고 말입니다.

당장은 그럴 수 없을지도 모릅니다. 하지만 장기적으로 계획하고 실행해서 그것을 찾는 것 이상의 인생 지름길은 어디에도 없습니다.

4.

누군가에게 보내는
'정보 발신'이라는 선물

지금까지 지적 생활이란 '인생을 길게 내다보면서 지적인 축적을 즐기는 것'이라고 말했지만, 지적 생활의 다른 한 측면으로, 찾아낸 관련 정보나 새로이 탄생한 정보를 누군가에게 전달하는 '정보 발신'이라는 것이 있습니다.

오늘날은 컴퓨터나 스마트폰으로 언제 어디서든 발신할 수 있는 시대입니다. 누구나 SNS를 통해 자신의 의사를 표명하거나 의견을 주고받고 동영상 사이트에서 일상의 모습을 공개하는 일이 가능하게 되었습니다.

문제는 그런 정보 발신이 '지적인 축적을 배경으로 한 정보 발신'인지의 여부입니다. 내용이 지적인 것인지 아닌지를 말하는 게 아니라 축적의 결과 탄생한 새로운 정보를 세상에 내놓은 것인지의 여부가 중요해졌다는 이야기입니다.

처음 얻은 '인기'가
가져오는 영감

나에게는 인터넷 상에서 정보 발신의 본질에 눈을 뜬 경험이 있습니다. 아직 블로그가 등장하지 않았을 때인데, 나는 당시 그런 플랫폼에 흥미를 느껴 대학교 한구석에서 그간 관리해온 컴퓨터에 인터넷 서버와 무버블 타입Movable Type의 블로그 엔진을 설치해서 운영한 적이 있습니다.

그 당시 나는 블로그를 만들기는 했지만 무엇을 써야 할지 고민 중이었습니다. 그때 미국에서 화제였던 '쏟아지는 일을 완벽하게 해내는 법GTD'에 관한 자세한 정보가 일본에 없다는 사실을 알고 나름대로 내용을 조사해서 기사로 만들었습니다.

'GTDGetting Things Done'란 미국의 경영컨설턴트 데이비드 알렌David Allen이 저술한 책 제목에서 유래한 '시간 관리 개념'으로, 개인이 효율적으로 시간을 관리하여 자신이 하고

자 하는 일을 깔끔하게 해결하는 방법을 정리했습니다.

'스트레스 없는 생산성의 기술'이라는 부제가 붙은 이 책은 2001년에 처음 출판된 이후 IT 개발자들에게 열렬한 환영을 받으며 폭발적인 인기를 끌었습니다.

그때는 누구나 홈페이지를 개설하고 인터넷에 글을 쓰는 게 일반적이었기 때문에 나도 누가 홈페이지에 접속했는지 확인해보는 정도의 관심을 가지고 있었습니다.

어느 날 보통은 기껏해야 하루 10회 접속밖에 없던 나의 블로그에 갑자기 1만 회 가량 접속하는 일이 생겼습니다. 위에 언급한 GTD 기사 때문이었습니다. 왜 갑자기 이런 일이 벌어졌는지 확인해보니 어느 유명 블로거가 내 기사의 링크를 걸어 그쪽의 독자들이 대거 몰려온 것이었습니다.

지금은 기사가 SNS에서 발견되어 삽시간에 인기를 얻는 일이 흔하지만, 당시 그런 경험이 없던 나는 무척 당황했습니다. 그리고 순식간에 그 다음의 모든 것을 결정짓는 영감이 몇 가지 떠오르기 시작했습니다.

정보 발신은
선물이다

하나는, 어떤 정보가 인기가 있을지 없을지는 미리 알 수 없다는 점입니다. 예측이 가능하다면 누구나 인기 있는 정보 발신만 시도할 것입니다. 하지만 그럴 수 없기 때문에 작성자는 그 기사의 인기 여부를 확신하지 못해도 우선 정보를 인터넷에 올릴 필요가 있습니다.

인터넷에 있는 대부분의 내용은 무료이기 때문에 정보를 올리는 누구라도 독자를 얻을 수 있는 공평한 기회를 갖게 됩니다. 그러므로 비용을 아낄 계산만 하다 보면 곧 다른 사람에게 기회를 빼앗기게 됩니다. 그러니 정보 발신은 요구하지 않은 누군가에게 '주는' 자세로 시작해야 한다는 사실을 명심해야 합니다.

또 하나는, 정보는 누군가에게 발견됨으로써 비로소 가치가 생긴다는 점입니다. 서버 상에 외롭게 존재하는 데이터는 존재하지 않는 것이나 마찬가지입니다.

누군가가 그것을 발견하고 다른 누군가에게 공유함으로써 정보의 가치가 생기고 내용이 결정된다는 역학을 깨달은 것입니다.

만일 그것이 학회지나 전통이 있는 유명 잡지에 게재되었다면 그 명성으로 어느 정도 공신력을 얻겠지만, 인터넷에서는 가령 유명 사이트에 게재된 기사라도 그 기사만 단독으로 공유되기 때문에 해당 기사만의 평가에 그치는 경우가 대부분입니다.

물론 겨우 기사 하나에 세상이 바뀌는 사례도 상당히 많습니다. 아직 SNS가 활성화되지 않은 상황에서 알게 된 그러한 경험은 내가 앞으로 살아갈 방식을 크게 바꿔버렸습니다.

정보 발신의 '민주화'를 맘껏 누리다

앞의 내용을 정리하면 '정보 발신이란 모르는 누군가에게 선물처럼 보내는 것'으로 요약할 수 있습니다. 하지만 주변에 널린 정보를 발신하는 것은 상대방이 쓸모없는 내용을 받았다는 생각을 할 수 있기에 기분만 상하게 만들 수도 있습니다.

그렇기에 당신 개인의 '지적인 축적'이 만들어낸 새로운 정보, 즉 당신만이 볼 수 있는 세상을 상대가 원하기 전에 보낼 수 있다면 친한 사람에게 받는 편지가 그렇듯 정보 발신은 선물이 될 것입니다.

이것은 실제로 이점이 있는 전략이기도 합니다. 미국의 작가이자 컨설턴트인 클레이 셔키Clay Shirky는 《끌리고 쏠리고 들끓다Here Comes Everybody》에서 이렇게 지적합니다.

"작가나 저널리스트라는 직함은 출판할 수 있는 사람이나 취재할 수 있는 사람들이 소수라는 전제 아래에서만 가능한 일시적인 수단에 불과하다."

출판의 구조가 블로그와 소셜미디어라는 형태로 보편화되고 취재 방법이 다양해지면, 미래에는 누구나 작가와 저널리스트 같은 역할을 할 수 있기 때문에 정보의 가치는 내용에 따라 평가받을 수밖에 없습니다. 이처럼 정보 발신에 대한 장벽이 사라지는 상태를 정보와 출판의 '민주화'라고 말합니다.

이런 상황은 대학교 연구실에 소속되지 않거나 유명 출판사에서 작품을 발표하지 못한 보통 사람들에게 큰 기회를 제공합니다. 자신의 생각이나 생산품을 발신함으로써 한 사람의 개인생활이 만들어낸 성과를 세상에 보일 수 있는 시대가 온 것입니다.

하지만 일단은 선물을 제공한다는 마음으로 대가를 바라

지 말고 시작해야 합니다. 그러면 선물 받은 사람은 어떻게 반응하고, 어떻게 받아들일까요? 물론 우리는 사전에 그것을 알 수 없습니다.

하지만 운 좋게도 누군가에게 새로운 자극으로 전해진다면 발신은 하나의 고리가 되어 어딘가의 누군가가 다음의 축적을 할 수 있도록 도와줄 것입니다. 어쩌면 그 발신에 대한 응답이 결과적으로는 상상도 할 수 없었던 곳에서 되돌아와 당신을 놀라게 만들지도 모릅니다. 살아가면서 이만큼 통쾌한 일은 흔하지 않습니다.

5.
지적 생활을 설계하기 위한
프레임워크

지금까지의 내용을 정리하면, 지적 생활이란 정보에서 받은 자극을 오랜 시간에 걸쳐 축적한 후에 그것을 타인들에게 발신하며 살아가는 방식이라고 할 수 있습니다.

하지만 정보 발신을 위해 분명한 목표점이 없는 방식을 몇 년에 걸쳐 계속 실천하려면 확고한 신념이나 뜨거운 열정이 필요합니다. 이것은 여간해서는 해내기 어려운 작업일 뿐만 아니라 지적 생활을 지속할 수 있을지라는 의문에 빠지게 합니다.

흔하지 않은 정보를 입력하기 위해 도대체 얼마의 책이나 영화, 다양한 작품을 보고 공부해야 할까요? 하루에 얼마만큼의 시간을 들여야 하고, 얼마만큼의 자금을 확보해야 할까요? 가령 3년 후, 5년 후, 또는 10년 후에 만족할 만한 지적 생활의 성과를 올리기 위해 오늘 할 수 있는 것은 무엇인지 고민이 필요합니다.

이제부터 지적 생활을 설계한다는 관점에서 시간을 사용하는 방법, 정보 수집과 정보 발신의 방법, 그리고 자금 사용법에 대해 살펴보겠습니다.

지적 생활을 설계하기 위한 5가지 요점

지적 생활을 구체적으로 설계하기 위해 필요한 부분을 생각해봅시다. 이것은 '일상의 어느 부분을 어떻게 설계하면 보다 만족스러운 지적 생활로 이어질 것인가?'라는 프레임워크라고 해도 좋을 것입니다.

프레임워크Framework란 어떤 일의 배경이나 문제, 목적을 바탕으로 한 계획의 기본 이미지를 작성하여 목표와 수단을 생각하고, 대략적인 계획을 세우는 작업을 의미합니다.

1) 나만의 지적 축적을 설계하라

어떤 일에 하루에 불과 15분을 투자하더라도 10년으로 치면 약 920시간이 됩니다. 일주일에 한 번밖에 할 수 없는 날이 있더라도 10년이면 520회나 됩니다.

아무 생각 없이 이어가던 취미생활이나 좋아하는 활동을 단순히 시간을 보내기 위한 지적 소비가 아니라 3년, 5년, 10년이라는 시간 동안 축적을 위한 기회로 만들면서 오늘의 즐거움이 미래로 이어질 가능성에 대해 생각해봅시다.

2) 개인적인 공간을 설계하라

지적 생활의 축적을 쌓기 위한 장소로 서재 같은 개인적인 공간은 중요한 요소입니다. 대부분의 지적 생활은 막대한 서적이나 음악, 영화와 같은 콘텐츠에서 받는 자극으로 유지되는데 이를 안심하고 받아들여 축적할 수 있는 개인적 공간을 마련해야 합니다.

유명 작가처럼 거대한 방이 필요하다는 말이 아닙니다. 안심하고 지적 생활을 영위할 수 있는 현실적인 공간과 실제로 사용하는 책장, 온라인 서버의 데이터 저장소 같은 정보의 아카이브Archive, 데이터를 보관해두는 것-역주를 위한 장소면 충분합니다. 이런 개인적 공간을 자신의 생활과 자금에 맞게 긴 안목으로 보고 설계해서 발전시켜 나가는 관점이 필요합니다.

3) 발신의 장소를 설계하라

당신의 지적 생활에서 탄생한 새로운 정보를 어디에, 어떤 형태로 발신할지 설계할 필요가 있습니다. 떠오른 생각이나 정보의 관련성을 인터넷에 적어두는 것만으로 충분한 경우도 있지만, 애써 얻은 지식을 조금 더 확산시키기 위해 스스로 미디어를 운영하는 방법도 있을 것입니다.

이런 식으로 발신 작업을 하는 사람에게는 더 훌륭한 정보가 집결되는 경향이 있습니다. 축적과 발신, 입력과 출력의 균형을 고려하는 것은 보다 풍부한 지적 생활을 즐길 수 있는 중요한 열쇠입니다.

4) 지적인 재정을 설계하라

지적 생활을 하면서 필요한 서적이나 작품을 모두 살 수는 없습니다. 지적인 축적이 물질적 이득으로 작용하거나 수입으로 이어지는 것도 아니므로 반드시 장기적인 재정 운용을 계획해야 합니다.

어느 정도의 정보 입력을 축적해왔다면 그것을 독자적인 시점으로 발신함으로써 활동에 도움이 되는 수입을 얻을 수도 있습니다. 하지만 수입을 얻기 위해 지적 생활을 하는 게 아니라 지적 생활을 장기적으로 지속했을 때 생기는 수익에 만족하는 경제적 관점도 고려해야 합니다.

5) 작은 라이프워크를 만들어라

라이프워크는 하나일 필요가 없습니다. 내가 '왕은 죽었다! 폐하 만세!'라는 말과 관련이 있는 것들을 모은 것처럼 마음을 움직인 정보들을 처음 만났을 때 느낀 이질감을 장기적으로 축적한 작은 라이프워크를 많이 쌓아둡시다.

그런 라이프워크 전부가 크나큰 결과를 만들어낸다고는 할 수 없지만, 가령 10년 동안 축적해서 한 개라도 열매를 맺을 수 있다면 결과적으로 당신의 삶에 커다란 라이프워크로 남을지도 모릅니다.

뭔가를 기대하며
살아간다는 것

지금까지 써온 '장기적으로', 또는 '결과적으로'라는 말은 앞으로도 계속 사용할 것입니다. 그것은 저자로서 지적 생활이 곧바로 어떤 의미 있는 결과나 수익을 보장하는 게 아니라는 사실을 솔직하게 전하고 싶기 때문입니다.

하지만 이는 일처리를 위한 기술안내서나 자기계발서도 마찬가지입니다. 여기서 말하는 '지적 생활의 설계'는 지금 즐거운 일을 축적해서 앞으로 보다 큰 즐거움을 느낄 수 있다는 기대로 살아가는 일종의 사고방식입니다.

앞으로의 삶에 기대를 가지고 오늘을 보다 즐기기 위한 당신 자신의 '지적 생활의 설계'를 목표로 이 책을 읽어주시기 바랍니다.

삶 을 바 꾸 는
'지 적 축 적'의
습 관

지적 생활은 나의 흥미나 호기심을 하나하나
축적해나가면서 이루어집니다.
장기적인 안목으로 나만의 가치를 만들어낼 수 있는
매일의 습관에 대해 살펴보겠습니다.

6.
하루하루의 축적을
설계하라

미국 작가 말콤 글래드웰Malcolm Gladwell의 세계적인 베스트셀러 《아웃라이어Outliers》에는 '1만 시간의 법칙'이라는 내용이 소개되어 있습니다.

전문가 수준의 바이올린 연주자나 유명한 스포츠 선수, 예술가, 연구자, 학자들에게 필요한 것은 천부적인 재능보다 '하루 3시간씩 10년에 걸친 1만 시간의 연습이나 특별한 훈련을 축적해나가는' 본인의 노력이라는 통계학적 견해입니다.

'1만 시간'이라는 숫자에 관해서는 논란이 되기도 했지만, 여기서 주목할 점은 '양'이 '질'로 전환되는 결정적인 경계가 있다는 것입니다.

장시간의 노력이 투여되면 고품질의 결과물이 도출된다는 이야기로, 이에 따르면 독서나 집필뿐만 아니라 그림을 그리거나 동영상을 만드는 창작 활동도 정보의 축적을 통해 질적인 측면에서 특별한 것으로 전환된다고 합니다.

지적인
계산하기

만약 당신이 일반 대학생 수준의 독서를 매일 해나간다면 평균 시간으로 약 25분, 페이지로는 책에 따라 다르겠지만 대략 40페이지 정도로 잡을 수 있습니다. 이것은 1년으로 치면 14,600페이지로, 책의 평균 분량을 300페이지로 가정하면 48권에 이릅니다.

독서가 습관인 사람들의 입장에서는 그리 많은 숫자가 아니지만 책을 멀리하는 사람의 비율이 절반 이상인 요즘 상황을 감안할 때, 이런 사람은 제법 책을 가까이하고 있는 편이라고 할 수 있습니다.

만일 이 사람의 평균 독서량이 지금보다 1.5배인 60페이지로 늘어나면 어떻게 될까요? 1년에 총 21,900페이지로, 책으로 치면 73권에 달하게 됩니다.

만일 이것을 10년 동안 유지할 수 있다면 최종적으로 하루에 40쪽을 읽는 사람과 60쪽을 읽는 사람 간의 차이는 146,000페이지와 219,000페이지로, 책으로는 486권과 730권이 되어 격차는 244권으로 벌어집니다.

내가 하고 싶은 말은 하루에 40페이지는 부족하니 60페이지나 100페이지로 대폭 늘리자는 게 아닙니다. 하루에 40페이지를 읽는 생활로 도달할 수 있는 곳과 60페이지로 도달할 수 있는 곳에는 명확한 차이가 있다는 사실을 숫자로 인식하기를 바라는 것입니다.

만일 어느 특정한 분야에 깊이 있는 지식을 소유하고 싶을 경우, 그 분야에 존재하는 대표작을 200권으로 어림잡았을 때 하루에 몇 페이지를 읽어야 3년 안에 전부 읽을 수 있을지 생각해보자는 것입니다.

이 같은 계산은 그림을 그리는 종이, 관람하는 영화, 직접 만들어내는 작품, 기술을 습득하기 위한 시간 등 모든 활동의 축적에 응용할 수 있습니다.

그 정도로 매일 투입되는 작은 활동량의 차이가 3년 후, 5년 후, 10년 후에 엄청난 격차를 보인다는 사실을 인지하기 바랍니다. 이런 생각을 하면 하루하루의 즐거움이 가득한 미래를 맞이할 수 있습니다.

일상의 활동을
설계하라

사진작가가 초보자에게 촬영 기법을 가르칠 때 예외 없이 하는 말이 있습니다. "일단 셔터를 눌러라!"입니다. 하지만 이것을 숫자로 인식하는 사람은 얼마나 될까요?

가령 촬영 기술을 익히고 싶다면 사진작가처럼 수십만 장을 찍는 건 어려워도 하다못해 1년에 10,000장을 찍으면 하루에 27.4장이 됩니다. 일이 있거나 몸이 아파서 그 숫자 이하로 내려가면 목표를 달성할 수 없습니다. '일상의 스냅사진만이 아니라 주제가 있는 사진도 찍고 싶다'는 목표를 여기에 적용해도 좋을 것입니다.

이런 숫자를 생각하면 훗날을 구체적으로 계획하면서 실천하게 됩니다. '주말에는 반드시 사진을 찍으러 나가야지', '다음 촬영 장소는 일주일 전에 생각해둬야 원하는 사진을 찍을 수 있어' 하는 식으로 목표를 달성하기 위한 세부적인 계획을 세우게 됩니다. 이처럼 앞으로 얼마나 달성할지를 계획하고 오늘의 활동량을 정하는 것이 바로 '지적 생활의 설계'입니다.

이렇게 쓰고 보니 '독서는 책의 양으로 따져서는 안 된다', '사진은 촬영 횟수로 가치를 따질 수 없다'는 반론이 나올 것이라고 생각합니다.

물론 이런 설계는 한 권의 책이 주는 감동과 매력, 한 장의 사진이나 그림에서 느끼는 아름다움과는 별개입니다. 오히려 이런 설계의 사고방식은 몇 권의 책을 읽으면 어떤 장르에 대해 일정 부분의 이해를 얻을 수 있는지, 몇 장의 사진을 찍으면 나만의 작품을 만들 수 있는지 등 장기적인 활동의 목표를 의식한 사고방식이라고 할 수 있습니다.

따라서 지적 생활의 설계란 멀지 않은 미래의 목적지를 바라보면서 오늘을 즐기기 위한 사고방식이라고 해도 좋을 것입니다.

7.
지적 축적의 사례(1)
: 인용문을 모으다

독서, 영화 감상 등 취미 삼아 자기 나름의 작품을 만들어나가는 것도 모두 지적인 축적이 될 수 있습니다.

하지만 그것이 우메사오 다다오가 《지적 생산의 기술》에서 말한 것과 같은 '지적 감각'인지, 아니면 장기적으로 볼 때 지적 생활과 관련된 활동인지, 또는 그 경계선은 어디 있는지 하는 문제는 알기 어려운 일일지도 모릅니다.

그래서 이제부터 지적 축적의 대표적인 사례를 소개하고자 합니다.

인용문에서
책을 모으다

첫 번째 사례는 독서입니다. 독서를 할 때 노트를 마련해서 독서 체험이나 느낌을 써두는 사람도 많지만, 나는 읽은 내용 그 자체보다 나중에 사용하기 위한 인용문을 기록하는 걸 더 중요하게 생각합니다.

비즈니스 서적, 해외 문학, 심지어 난해한 전문 서적이라도 한 권에 10~20개 정도 인용할 만한 내용을 찾을 수가 있습니다. 나는 처음엔 뭔가 의미가 있는 내용들을 수집하려고 했지만, 그런 것들 대부분 거의 알려진 것들이라는 사실을 깨달았습니다.

예를 들어 '아마존 킨들'로 해외 서적을 살펴보면, 다수의 독자가 흥미 있다고 생각한 부분에는 선이 그어져 표시되어 있습니다. 그런데 그 책의 중요한 주장이나 많은 사람이 감동한 부분도 대개 공통적이어서 누구나 알 수 있는 경우가 자주 있습니다.

그래서 책의 핵심적인 내용만이 아니라 내 마음대로 선택한 기준으로 인용문을 수집하기 시작했습니다. '저자가 미래를 예측한 부분', '작품 속에 숨어 있는 비밀' 등 자의적 기준으로 수집을 시작한 것입니다.

이런 수집을 하다 보니 재미있는 생각이 들었습니다. 가령 10년 전쯤 비즈니스 서적에서 저자들이 미래를 예측한 부분을 하나하나 모아두고, 그것이 현재 실현되고 있는지를 조사한 목록을 만든 적이 있습니다.

그 후 결과를 살펴보면서 저자들의 10년 전 예측에서 배우고 느낄 점이 아주 많다는 사실을 알게 되었습니다. 필자들 나름의 과학적인 데이터와 식견으로 예측한 것들이 100퍼센트 실현되지는 않았더라도 세상은 결국 그들의 예상대로 흘러간다는 사실을 알게 되었던 것입니다.

1970년대부터 동서양 문화의 새로운 관계성을 발견하는 연구와 집필, 기획, 프로젝트를 추진해온 편집자이자 인문학자 마츠오카 세이고松岡正剛는 자신의 왕성한 독서 편력을 대담 형식으로 소개한《독서의 신讀書の神》에서, 타인의 문장을 인용하고 기록함으로써 각기 다른 책들을 연결하는 편집적인 독서법을 설명하고 있습니다.

이처럼 책을 열중해서 읽는 사람이 더욱 즐거움을 느낄 수 있도록 자기 혼자만 알아볼 수 있는 형식을 만들어가는 것도 또 하나의 지적 축적이라고 할 수 있습니다.

가짜 인용문을
수집한다

나에게는 책의 인용문을 수집하는 한편으로 '가짜 인용문'을 모으는 취미도 있습니다. 예를 들어 '광기란 같은 일을 반복하면서 다른 결과를 기대하는 것'이라는 아인슈타인의 명언이 있는데, 사실 이것은 아인슈타인의 말도, 그 후에 자주 언급되는 벤자민 프랭클린의 말도 아니라는 걸 알았습니다.

또한 볼테르가 남긴 유명한 말인 '나는 당신의 의견에는 반대하지만, 당신이 그것을 주장할 권리는 목숨을 걸고 지켜주겠다'라는 명언도 볼테르와는 아무 상관이 없다는 사실도 알았습니다.

내 마음에서 가짜 인용문이 떠나지 않는 것은 사람들이 잘못 쓰는 게 우스워서가 아니라 명언을 인용하면서 그렇게 말한 위인이나 유명인들에게 의지하고 싶은 마음을 이해하기 때문입니다.

그들이 정말로 그런 말을 했는지 여부와 관계없이 아인슈타인한테는 탁월한 두뇌를 가진 사람의 말을, 간디에게서는 신중한 잠언을, 처칠에게서는 대범한 지도자의 말을 기대하는 것입니다.

인용문으로 책의 패턴을 찾아내는 것도, 가짜 인용문을 구분해내는 것도 책을 한 권만 읽어서는 알아낼 수 없는 정보라는 걸 주목해야 합니다. 읽은 내용을 착실하게 기록하고 거기에 나오는 인용문을 분류하면서 발견하게 되는 과정은, 마치 땅 속 깊은 곳에 묻힌 화석의 정체를 알아내는 노력처럼 시간이 많이 걸리는 작업입니다.

하지만 그에 대한 보답은 단지 책을 읽는 것만으로는 얻을 수 없는, 이제껏 읽어온 책의 전부를 동원해야만 엮을 수 있는 나만의 지적인 정보가 됩니다. 지적 소비가 지적인 축적으로 바뀌는 순간의 보람과 기쁨을 당신도 하루빨리 맛보기 바랍니다.

8.

지적 축적의 사례(2)
: 종류별로 엮는다

음악이나 영화도 시간이 지날수록 축적을 하기에 아주 적합한 콘텐츠입니다. 무대나 콘서트는 현장에 직접 가서 관람하면 그만큼 양질의 축적을 할 수 있지만, 그것은 무척 수고스러운 일이기도 합니다.

하지만 스트리밍 서비스Streaming service가 발달한 덕분에 동영상이나 음악으로 이제껏 없던 폭넓은 콘텐츠를 모두 즐길 수 있게 되었습니다. 예전에는 영화관이나 비디오를 대여하는 가게에 직접 가야 했지만 이제는 가만히 앉아 주문하고, 작품을 감상하다가 마음에 드는 작품이 있으면 현장에 나가면 되는 시대가 되었습니다. 이렇듯 이제 마니아의

문이 누구에게나 쉽게 열렸다고 해도 과언이 아닙니다.

콘텐츠를 언제나 빠르게 손에 넣을 수 있다는 의미는 내용을 인용하고 싶을 때 금방 확인할 수 있다는 뜻이기도 합니다. 예전에는 '저 장면에서 어째서 저런 대사가 나온 것일까?'라면서 수고스럽게 조사를 했습니다. 그러나 이제는 시대가 비약적으로 발전한 결과 누구나 편하게 정보를 손에 넣을 수 있게 되었습니다.

'스포티파이'를 이용한
장르별 분류법

스트리밍 서비스를 이용하면 더욱 향상된 방법으로 콘텐츠를 시청할 수 있습니다. 스트리밍 서비스란 직접 컴퓨터에 저장하는 다운로드 서비스와 달리 그저 음악을 재생해서 들려주는 형식입니다. 방송국이 음악을 틀어주는 것과 같은 이치입니다.

그러나 방송국에서는 일방적으로 음악이 선정되지만, 스트리밍 서비스는 자신이 원하는 노래를 언제 어디서든 들을 수 있습니다.

예를 들어 클래식 교향곡 연주에서 '보기 드문 열연', '입체적이고 강렬한 음'이라는 평론가의 비평을 보았다고 합시다. 지휘자나 음악평론가 같은 전문가들은 이제껏 엄청난 양의 시청 경험을 바탕으로 비평을 했기에 우리들은 그것을 신뢰하면서 음악을 받아들이게 됩니다.

하지만 '스포티파이Spotify'를 이용하면 비슷한 시청 방법을 가만히 앉아서 재현할 수 있습니다. 세계 최대 음악 스트리밍 서비스를 제공하는 스포티파이는 스웨덴에서 출발한 회사로 사용자는 이 플랫폼을 이용하여 메이저 음반사의 음

스포티파이로 '베토벤 교향곡 제5번'을 검색한 장면으로, 무한한 선택 사항이 펼쳐진다.

악을 스트리밍하여 들을 수 있습니다.

예를 들어 스포티파이에서 베토벤의 교향곡 제5번을 검색하면 다양한 시대, 다양한 지휘자, 모든 교향악단, 모든 앨범이 수백 가지로 나타납니다.

같은 교향곡이라도 지휘자나 시대에 따라 다른 곡으로 느껴지는 것을 확인하면서 감상하는 묘미가 생깁니다. 제5번을 비교하는 것만으로도 어쩌면 몇 년이 걸릴 수 있고 특정 지휘자, 특정 교향악단의 조합으로 감상하는 즐거움도 무한합니다.

스포티파이, 넷플릭스, 아마존의 프라임 비디오 서비스에 일정액을 지불하면 시청 가능한 막대한 콘텐츠가 가득하고, 그것을 간단히 검색할 수도 있습니다. 콘텐츠 검색을 해서 나만의 방법으로 구분을 해나가면 새로운 경지를 쉽게 열수 있다는 얘기입니다.

큐레이션의
즐거움

콘텐츠 양이 너무 많으면 대부분의 사람들은 결정 장애에 빠져듭니다. 선택 사항이 너무 많아서 오히려 고르기 힘든 역설적인 상황이 되는 것입니다.

그러므로 이런 정보의 바다 안에서 어떤 기준으로 옥석을 가려낼지 파악하는 좋은 선구안을 가질 필요성이 높아지고 있습니다. 미술관이나 박물관에 있는 큐레이터처럼 일상에서 막대한 정보를 선별해 감정하는 역할이 필요한 것입니다.

스포티파이*에는 유저가 스스로 작성한 플레이리스트를 자유롭게 볼 수 있는 기능이 있습니다. 이런 기능을 통해서 나만의 큐레이션을 만드는 것도 훌륭한 지적 활동이라고 할 수 있습니다.

예를 들면 '명곡 감상사전' 같은 책은 많지만, 그곳에 기재된 앨범을 전부 들을 수 있는 사람은 없을 것입니다. 그래서 나는 스포티파이에서 '명곡 감상사전'에 소개된 앨범을 모두 등록한 플레이리스트를 만들어 나뿐만 아니라 같은 취향을 가진 사람들을 위한 놀이로 생각해서 즐기기도 합니다.

---

* 현재 한국에서는 스포티파이 서비스가 지원되지 않는다. 그러나 한국에서 사용 가능한 음악 사이트에서도 스트리밍 서비스나 스포티파이의 기능 중 하나인 플레이리스트, 마이 리스트 등의 큐레이션 기능을 체험할 수 있다.

거듭 말지만, 이것은 모든 음악이나 영화를 이런 광적인 방식으로 접근해야 한다는 말은 아닙니다. 각각의 작품을 누구나 마음 내키는 대로 즐기면 됩니다.

하지만 오늘 본 작품을 내일 본 작품과 연관 짓고, 오늘 들은 음악을 언젠가 듣게 될 다른 음악의 무한한 가능성과 연결 지으려면 기존의 서비스가 제공하는 막대한 양과 검색 기능은 커다란 무기가 될 것입니다. 이것이 바로 지적인 축적의 즐거움이자 소득입니다.

9.
지적 축적의 사례(3)
: 매일 작품을 만들어낸다

사진 공유 서비스인 '플리커Flicker'에 등록된 사진작가들 사이에서 화제가 되어 오랫동안 작품을 만드는 방법으로 사랑받아온 'Project 365'라는 게 있습니다. 매일 사진을 찍어서 그중에 한 장을 'Project 365'라는 태그와 함께 온라인으로 공유하는 작업을 365일간 계속하는 방법입니다.

규칙은 간단하지만 매너리즘에 빠지지 않고 사진작가로서 폭을 넓히면서 매일 한 장을 고민하다 보면 사전에 신중하게 주제를 생각하게 됩니다. 사전에 계획을 세워 지속해야 하는 일이어서 1년간 이 작업을 해온 사람들은 의외로 많지 않습니다.

양은 반드시
질의 수준을 높인다

미국 작가 데이비드 베일즈David Bayles와 테드 올랜드Ted Or-
land가 함께 쓴《예술가여, 무엇이 두려운가Art and Fear》에는
다음과 같은 이야기가 나옵니다.

어느 도예 교실에서 학생을 두 그룹으로 나눠 다음과 같
은 실험을 했습니다. 한쪽 그룹에는 학기말에 가장 잘된 작
품을 하나씩 제출하면 그것을 성적에 반영하겠다고 했고,
다른 한쪽에는 학기말까지 만든 작품의 양으로 성적을 내겠
다고 고지했습니다.

학기말이 되어 성적을 반영하는 시간이 되자 신기한 현상
이 벌어졌습니다. 양으로 성적을 내겠다는 그룹이 다른 한
쪽보다 전체적으로 수준 높은 작품을 만들었던 것입니다.

질 높은 작품을 내겠다는 생각에 골몰하거나 마음속으로
만 그리는 게 아니라, 처음에는 작품을 망치더라도 실제로
손을 움직여 실패를 거듭한 결과, 성장 속도가 빨라지게 된
것입니다.

사진, 그림, 문예 작품 등에서 단순히 머릿속으로만 연상
하거나 생각만 거듭하는 것보다는 손을 움직이는 행위가 성

사진 공유 플랫폼 플리커에서 'Project 365'를 검색하면 다양한 사람들의 노력을 엿볼 수 있다.

공과 실패의 결과를 빠르게 나타낸다는 반증입니다.

　그런 의미에서 플리커 속의 'Project 365'는 작품을 만드는 방법으로 지적인 축적을 빠르게 성장시키는 기술이라고 할 수 있겠습니다.

양을 선별하는 요령도
필요하다

다만 여기에 덧붙일 것은 단순히 같은 작업을 반복한다고 해서 자연스럽게 지적인 축적이 이루어지는 건 아니라는 사실입니다. 사진이라면 촬영의 대상이나 조건을 계속 바꿔서 경험을 쌓는 게 중요하고, 그림이라면 비슷한 그림을 여러 장 그리거나 다양한 소재를 반복해서 그리면서 작품의 폭을 넓히는 일도 필요할 것입니다.

반대로 일정한 자리에서 하나의 목표를 관측하는 '정점定点 관측' 자체에 의미가 있는 경우도 있습니다. 같은 장소에서 계속 관찰하는 것이야말로 차이를 살필 수 있는 통찰력을 축적할 수 있기 때문입니다.

예를 들어 국가적으로 큰 행사가 있을 경우, 거기에 따른 작업 과정을 매일 일정한 곳에서 촬영한다면 일의 진척에 따른 변화를 한눈에 알 수 있는 장점이 있습니다. 그렇더라도 양은 반드시 어떤 가치를 생산하지만, 어떤 가치가 생겨날지는 확실하지 않다는 점을 항상 잊지 마십시오.

'Project 365'를
인스타그램에서 만들자

인스타그램을 통해서 매일의 사진이나 그림을 'Project 365' 기법으로 축적해볼 수 있습니다. 가령 어떤 꽃을 365일 계속 촬영하거나 100일 정도의 기간을 정해놓고 연속해서 사진을 찍습니다.

'Project 365'의 해시태그를 그대로 사용해도 좋고, '#my100day'처럼 독창적인 해시태그를 만들어 사진을 투고해도 좋습니다. 해시태그를 사용해야 하는 이유는 나중에 이런 축적에 관여된 사진만을 모을 때 편리하기 때문입니다.

특히 인기 있는 작품이나 다른 사람이 공유한 작품이 있다면 누군가의 마음에 감동을 준 것이므로 특별히 주의를 기울여야 합니다. 무엇이 잘 되고 있는지 계속 되풀이되는 건 없는지 돌아보는 작업도 필요하다는 뜻입니다.

이런 축적은 인스타그램이 아니어도 트위터나 페이스북 같은 개인 홈에서 만들어도 됩니다. 하지만 사진이라면 인스타그램, 친구에게 피드백을 받으려면 페이스북으로 통용되듯이 저마다의 플랫폼에 맞게 취향과 이용법이 조금씩 다르다는 것을 알아두고 Project 365를 시작하기 바랍니다.

'1 Second Everyday'에서
1초 동영상을 모으다

'1 Second Everyday'라는 어플리케이션이 있습니다. 매일 1초짜리 동영상을 촬영해서 그것을 나중에 연결할 수 있는 앱입니다. 재미있는 것은, 촬영 자체는 길어질 수 있지만 그 안에서 딱 1초를 선택한다는 사실입니다.

너무 짧다고 느낄 수도 있지만 기록에 익숙해져서 그날의 중요한 일을 촬영해두면 한순간이라도 그날 어디에 있었는 지 누구와 무엇을 했는지를 떠올릴 수 있게 됩니다.

그리고 이것을 한 달간 계속하면 30초가 되고, 1년간 하면 365초가 되어, 한 해를 정리하면 나만의 짧은 영화가 탄생됩니다. 친구들과 함께한 여행, 가족과 보낸 주말, 평범한 하루 의 순간…… 이런 것들이 이어진 영상은 더없이 소중한 기 록이 되고, 일정한 장소에서 반복해서 찍은 경우라도 그것 을 간단하게 연속해서 볼 수 있습니다.

이와 비슷하게 기록을 지속적으로 올릴 수 있는 앱은 다

'1 Second Everyday'의 화면. 하루를 1초짜리 동영상으로 촬영하는 어플리케이션으로, 촬영한 동영상을 연속적으로 재생해서 감상할 수 있다.

양하므로 잘 살펴보고 선택하면 내 삶을 색다르게 기록하는 데 도움이 될 것입니다.

10.
지적 축적의 사례(4)
: 스마트폰을 이용한 새로운 실전

서재에서 책을 읽는 시간만을 두고 지적 생활이라고 부르는
건 아닙니다. 야외에 나가 관심이 가는 대로 조사하고, 거기
서 얻은 발견이나 감동을 모아 타인과 공유하는 행위도 훌
륭한 지적 생활이라고 할 수 있습니다.

　학문의 세계에서 '실전'이라고 부르는 현장 조사를 통한
실천적 연구 형태는《지적 생산의 기술》의 우메사오 다다오
가 전문으로 실천한 것입니다. 현장에서 얻은 정보는 자칫
하면 모호한 인상만 주는 게 대부분인데 그것을 놓치지 않
고 기록해서 나중에 연구 자료로 정리하는 것이《지적 생산
의 기술》의 요점이라고 할 수 있습니다.

모든 것이 위키피디아–wikipedia. 누구나 자유롭게 글을 쓰는 온라인 백과사전–역주에 게재되고, 아무리 작아도 구글 맵으로 보이지 않는 길은 없다고 할 만큼 발전한 세상이지만, 실제로 현장에 나가 눈으로 확인하면서 얻는 정보는 아직도 무한합니다. 어쩌면 인터넷 정보와 현장의 차이야말로 진정한 의미가 있다고 할 수 있습니다.

문제는, 예전에는 현장 조사에서 찾은 자료를 가지고 돌아와 일일이 문헌을 뒤지고 대조해야 했던 작업을 이제는 스마트폰 하나로 그 자리에서 검색할 수 있게 되었다는 사실입니다.

산책을 시간과 공간의 여행으로 바꾸다

예를 들어 봅시다. 당신은 어느 길을 가다가 모퉁이에 덩그러니 서 있는 허름한 형태의 비석을 보고, 대체 어떤 역사를 지니고 있을지 궁금했던 적이 있습니까? 또는 지방의 어느 작은 도시를 지나는데 꽤 오래된 건물 하나가 서 있는 걸 보았다면, 역사와 유래를 알고 싶을 때가 있지 않나요?

이런 소소한 의문도 그 자리에서 위치 정보와 함께 검색을 하면 곧바로 답을 찾을 수 있습니다.

나는 '도쿄시층지도東京時層地図'라는 앱을 이용해서 어떤 장소의 시대별 토지 이용 상황을 즐겨 살펴봅니다. 어째서 여기에 커다란 시설이 있을까 하고 궁금해하다가 앱을 통해 시간을 거슬러 올라가보니 예전에 군사 시설이었음을 알게 되었습니다.

이렇듯 토지에 대한 역사를 그 자리에서 깊이 있게 이해할 수 있어, 낯선 용도의 토지를 발견하게 되면 그곳에 오래전부터 있었던 사적이나 비석을 찾아다니는 게 취미가 되었을 정도입니다.

최근에 이런 의문에 답을 찾는 데 있어 매우 편리하게 만들어준 것이 바로 위치 정보 게임인 인그레스Ingress나 포켓몬고Pocketmon Go*를 이용한 방법입니다.

왜냐하면 이런 게임 안의 포탈이나 포켓스탑이라는 장소에는 그곳 주민이 등록한 진귀한 비석이 있는 경우가 많아서 게임을 열면 따로 찾을 필요도 없이 사적이 화면에 표시되기 때문입니다.

---

* 인그레스와 포켓몬고는 구글 지도를 바탕으로 한 위치 기반 증강현실 게임이다.

사실은 전문가들 사이에서도 이런 새로운 정보의 이용 방식은 아직 확산되지 않은 상태지만 스마트폰 세계 속에서 예사로 표시되는 정보와 현실과의 교차점에 새로운 현장 조사의 가능성이 커져가고 있습니다.

다양한 장소에 있는
사람들의 손을 빌리다

이미 거의 모든 사람들이 스마트폰을 가지고 있는 점을 이용해서 지구상에 널린 정보를 한 번에 손에 넣을 방법이 있습니다. 간단히 말하자면, 지진이 발생했을 때나 벼락과 폭발음처럼 국지적인 현상이 일어났을 때 트위터를 검색해보는 방법입니다. '지금 이 소리는 뭐지?', '근처에 벼락이 떨어진 것 같다'는 생각이 들면 현장에 가보지 않고도 장소나 그 영향권의 소셜 미디어를 조사해보는 작업을 할 수 있습니다.

이것을 실제 연구에 응용했던 사례가 일본기상연구소의 아라키 겐타로荒木元太朗 연구관이 실시하고 있는 '간토 눈 결정關東雪結晶 프로젝트'입니다.

눈 결정을 털장갑처럼 가는 섬유 위에 올려두면 스마트폰을 이용해서 근접 촬영을 할 수 있습니다. 아라키 연구관은 그 요령을 공유하는 것과 동시에 촬영한 결정의 위치 정보를 '간토 눈 결정'이라는 해시태그로 올리기 시작했습니다.

눈 결정의 아름다움과 그것을 스마트폰으로 촬영할 수 있다는 흔치 않은 해시태그는 많은 사람들의 인기를 얻었고 여러 곳에서 엄청나게 많은 사진들이 도착했습니다.

이렇게 하여 아무리 많은 연구자가 모아도 불가능할 정도의 막대한 사진 자료가 축적되고, 간토 평야뿐 아니라 아주 광범위한 지역의 눈 결정 연구에 사용될 만한 기초 정보를 모을 수 있었습니다. 이런 사례는 어떤 장소에 있던 사실을 시간의 흐름에 따라 모으거나 넓은 장소에 흩어진 정보를 한꺼번에 모으는 두 가지 유형의 정보 수집 방법이 혼합된 것입니다.

흥미로운 점, 그 양방향이 작은 아이디어와 스마트폰만으로 실현 가능하다는 점입니다. 이것은 스마트폰이 이룬 정보의 단면에 아직 누구도 눈치 채지 못한 다양한 형태가 있다는 사실을 말해줍니다.

그것을 창의적인 연구로 찾아내 성과를 쌓아올리는 것도 훌륭한 지적 생활이라고 할 수 있고, 아이디어에 따라서는 새로운 학문 분야를 여는 계기가 될 수도 있을 것입니다.

11.
지적 축적의 사례(5)
: 형태가 보이지 않는 '위화감'을 계속 좇다

지금까지 소개한 내용은 거의 대부분 책을 열면 찾아볼 수 있거나 현장에 가면 알 수 있는 정보들이었습니다. 하지만 그중에는 눈에 보이지 않는 느낌이나 형태가 좀처럼 드러나지 않아서 '위화감'을 계속 좇아가는 유형의 지적인 축적도 있습니다. 여기에서 위화감이란 어떤 대상에서 현실과 다소 동떨어진 느낌이 생기는 것을 말합니다.

글로벌 IT 기업 애플과 관련이 있는 화젯거리를 좇는 미국의 유명 블로거 존 그루버John Gruber는 애플의 내부 사정에 깊이 관여하면서 절묘한 시기에 적절한 의견을 내는 사람으로 유명합니다.

그가 특히 두드러진 능력을 보이는 일은, 마치 미래를 내다보듯이 누구보다 앞질러 모은 정보를 하나하나 정리하고 관찰하는 안목입니다.

처음 아이폰이 등장했을 때, 저널리스트들 중에는 아이폰의 판매가 실패로 끝날 것이라고 예견한 사람들이 많았습니다. 《혁신가의 딜레마The Innovator's Dilemma》의 저자이자 경영철학자 크리스텐슨 클레이튼Christensen Clayton은 이런 혹평을 남겼습니다.

"아이폰이 이미 격렬하게 경쟁 중인 분야에 끼어드는 것이니 그저 살아남기를 바란다."

존 그루버는 이런 평가가 틀리거나 맞다는 주장은 하지 않고, 그저 당시에 그려진 미래상과 실제가 어떻게 엇갈리는지를 바라보는 관점으로 정보를 수집했습니다.

그리고는 아이폰이 등장한 지 5년, 10년이 지난 시점에서 아이폰의 어제와 오늘을 조명했습니다. 하나하나의 사실들을 근거로 살펴본 아이폰의 과거와 현재는 누구도 흉내 낼 수 없는 자료가 되어 스마트폰의 미래를 내다볼 수 있는 문서가 되었습니다.

별로 중요하지도 않고, 무엇에도 쓰일 가능성이 희박한 정보도 대량으로 수집해서 정리하면 이런 연계나 비평이 가능해집니다. 그렇기에 존 그루버의 비평은 보통 사람들의 눈에는 보이지 않는 점과 점을 이은 끝에 만들어졌다고 할 수 있습니다.

먼 훗날 중요할 것 같은 정보나 지금은 답이 딱 떨어지지는 않지만 보존해두면 쓸모가 있을 것 같은 '위화감'을 모으는 일은 겉으로 보이는 정보의 어두운 이면을 좇듯 근성이 필요한 작업입니다. 하지만 바로 여기에 아무도 눈치 채지 못한 고찰이나 머지않아 명백해질 숨은 지식이 잠재되어 있다는 점을 잊지 말길 바랍니다.

정성 들여
인터넷을 검색한다

인터넷에서 사람들의 발언이나 댓글이 몰리는 사건의 이면을 좇는 일을 하는 사람들 사이에서는 뜻밖의 신념이 있습니다.

'인터넷 감시자'를 자처하는 그들은 실제로 외부에 알려진 정보보다는 훨씬 가시화되지 않은 정보가 어딘가에 대량으로 존재한다고 보고, 아직은 아무도 발신하지 않은 것을 추적한다고 합니다.

가령 어떤 유명 인사가 반드시 언급할 거라고 예상되는 사건이 일어났는데, 그가 무슨 이유에선지 침묵을 지키고 있으면 무슨 사정이 있을 것이라고 추리를 합니다. 그러면서 인터넷상에서의 그의 행적과 발언을 차근차근 추적해나갑니다. 인터넷에서는 흘러 다니는 정보만이 눈길을 끌지만, 실은 다양한 사건이 인터넷과는 무관한 장소에서 결정되는 경우가 많기에 그런 작업을 해나가는 것입니다.

그런 일은 사실 매우 힘든 지적 축적일 수 있지만, 우연히 점과 점이 이어지면 그처럼 확실한 것도 없습니다. 그러니 평범한 것에서 '위화감'을 느끼면 그것을 직접 조사해서 얻어낸 증거와 함께 기록해두는 습관이 필요합니다.

일례로 애플이나 마이크로소프트가 어느 시기에 신제품을 발표할 것인지를 놓고 구체적으로 예상해보는 놀이가 있습니다.

애플에 관한 소식을 주로 다루는 IT정보 사이트 맥루머스 Macrumors는 구체적인 데이터를 가지고 여러 시기들을 예견하는데, 이 사이트에는 과거에 발표된 모든 애플 제품들의 업데이트가 언제 발표되는지, 또한 업데이트가 평균적으로 며칠 정도 지속되는지 등 관련 정보들이 모여 있습니다.

가령 데스크탑 컴퓨터인 아이맥의 업데이트 시기는 2012년 이후에는 298일, 387일과 1년 정도가 걸렸지만 2014년부터는 215일, 147일로 속도를 높인 후, 2015년부터는 601일, 403일로 상당히 늦어졌습니다.

제품 발표가 '정확한 정보'라면, 발표와 발표 사이의 날짜 간격은 '어두운 이면의 정보'입니다. 그 숫자에 주목해서 정보를 새롭게 파악하면 '여기서 애플의 전략에 변화가 있는 건 아닐까?' 하고 느껴지는 순간이 있습니다. 이때 '위화감'이 감지되면, 그것을 바닥 끝까지 좇는 근성과 정보를 해독하는 감각이 필요합니다.

현상에
이름을 붙이다

위화감을 좇는다고 하면 너무 추상적으로 느껴져서 이해하기 어려울지 모릅니다. 하지만 계속 살피다가 어딘가 낯설거나 이상한 현상이 발견되면, 자기 나름의 이름을 붙이는 일이라고 생각하면 쉽게 이해가 될지 모르겠습니다.

얼마 전 일본에서는 '의식이 높다'는 말이 유행했는데, 실

력도 없으면서 자신을 대단한 사람인 양 연출하는 사람을 일컫는 신조어였습니다. 많은 사람들이 이질감을 느끼는 누군가를 그런 식으로 일컫는 현상에, 그것을 총칭하는 언어가 새로 생겨나면서 널리 유행하게 된 것입니다.

그림형제 동화《룸펠슈틸츠헨Rumpelstilzchen》의 '이름을 맞추는 이야기'는 귀신이나 악마의 이름을 알아내면 상대를 지배할 수 있다는 신화에서 영향을 받은 이야기입니다.

이와 마찬가지로 이름을 붙이면 애매하던 대상이 갑자기 분명하게 보이는 일이 많습니다. '위화감'이 느껴지는 현상에 이름을 붙이면 그것을 명확하게 정의할 수 있을 뿐 아니라 같은 위화감을 가진 사람들끼리 느낌을 공유할 수 있게 됩니다.

12.
지적 축적을 위해
매일 2시간을 확보한다

'더 많은 책을 읽고 싶다', '언젠가 소설을 쓰고 싶다', '프로그래밍 언어를 습득해서 앱을 출시하고 싶다'라고 생각하는 사람에게는 다양한 형태의 지적 생활의 목표가 있을 것입니다.

하지만 매일 책을 읽으려는데, 금방 포기했다가 다시 읽으려고 하면 내용을 잊어버려 처음부터 다시 읽어야 하는 일이 생길 수 있습니다. 그런가 하면 바쁜 일상에 시달리다 애써 습득했던 기술을 잊어서 아무리 시간이 지나도 제자리걸음을 하고 있는 느낌에 휩싸이고 마는 경우도 있습니다.

이런 정체감이 계속되면 '나에게 맞지 않는 일인가?', '일과 지적 생활의 양립은 힘든 일인가?' 하는 의문에 사로잡히게 됩니다. 여기서 중요한 점은, 지적 축적에 필요한 최소한의 시간을 확보하고 있는지의 여부와 그 시간의 내용입니다.

이와 관련해서 여기 재미있는 사례가 하나 있습니다. 헝가리 출신의 바이올린 연주자로 러시아 음악원 관현악단 지휘자를 역임한 레오폴드 아우어Leopold Auer는 수많은 유명 바이올리니스트를 키운 사람으로 유명합니다. 그의 제자 나탄 밀슈타인Nathan Milstein이 얼마나 연습하면 좋은지를 묻자 그는 이렇게 답했다고 합니다.

"손가락으로 연습하는 것만을 말한다면 아무리 연습을 해도 부족하지만, 머리를 쓰면 2, 3시간으로 충분하지."

이 말은 바이올린 연습처럼 기교를 쓰는 분야에도 매일의 축적에는 요령이 있다는 것과 그것을 실현하기 위한 최소한의 시간이 필요하다는 걸 가르쳐줍니다.

매일 2시간을 만들어낸다

독서를 시작해서 어느 정도 만족할 만한 지점까지 읽다가 기분 좋은 피로가 몰려오는 시점에서 책을 놓고 그날의 독서에 대해 메모하는 습관이 있다면, 그렇게 하는 과정에 최소한 2시간 정도는 공을 들이기 바랍니다.

새로운 기능을 배우는 경우나 새로운 지식을 적용하는 일에 최소한의 시간이 드는데, 사람에 따라 달라도 평균적으로 2시간 정도가 필요합니다. 2시간을 확보하기 위해서는 하루를 잘 관찰한 다음, 생략해도 좋은 활동을 찾아내는 것 말고는 다른 방도가 없습니다.

총무성総務省*이 정리한 '2016년도 정보 통신 매체의 이용 시간과 정보 행동에 관한 조사'에 따르면 30대까지는 평일에 평균 110~130분간 텔레비전을 시청한다고 합니다. 당신이 지금 따로 축적하고 싶은 지식과 저울질을 한 다음, 필요하다면 줄여야 하는 시간으로 텔레비전 시청을 가장 유력한 후보로 꼽을 수 있다는 이야기입니다.

근래 급격하게 늘어난 것으로 스마트폰을 보는 시간도 있습니다. 같은 조사에서, 2012년부터 2016년까지 5년 동안 평균 77~113분이었던 것이 최근엔 115~156분으로 약 40분이 늘어났습니다. 이 또한 하루 동안 유용하게 쓸 수 있

---

* 일본의 중앙 행정 기관 가운데 하나로 한국의 행정안전부라고 할 수 있다.

는 시간으로 높은 비율을 차지하고 있습니다.

혹시 당신이 요즘 들어서 유독 텔레비전과 스마트폰만 보고 있다는 느낌이 든다면, 그것은 매우 위험한 신호임이 분명합니다.

왜냐하면 당신이 텔레비전을 시청하는 시간과 스마트폰을 보는 시간이 총무성에서 발표한 평균 시간과 똑같다면, 텔레비전에 120분, 스마트폰에 136분이라는 4시간이 훌쩍 넘는 256분이라는 막대한 시간을 하루에 허비하고 있는 셈이기 때문입니다.

따라서 반드시 시청할 프로그램을 정해놓고, 따로 이용할 앱을 제한해서 사용하는 등의 방법들을 실행한다면 어렵지 않게 2시간은 확보할 수 있습니다.

아이폰에서 사용하는 운영체제인 'iOS 12'에서는 매일 얼마의 시간 동안 기기를 이용하고 있는지, 어떤 앱에서 가장 많은 시간을 소비하고 있는지, 한 번에 가장 길게 사용했을 때의 시간은 어떤지 등의 통계를 표시할 수 있고, 나아가 앱의 사용 시간에 제한을 둘 수도 있습니다.

본래는 아동용으로 추가된 이런 기능은 스마트폰 이용 시간을 자신의 의지에만 매달리지 않고 제한할 수 있는 아주 유용한 수단입니다.

5분간의 틈새 시간을
끌어모으다

만일 텔레비전 시청이나 스마트폰의 이용이 그렇게 많지는 않지만 너무 바빠서 2시간을 통째로 확보하기 힘들다면 틈새 시간을 만들어 곡예를 하듯이 시간 관리를 할 필요가 있습니다.

예를 들면 평일 점심시간에 5~10분, 버스나 지하철을 타고 이동하는 5분 등 바쁜 일상 중에서도 오롯이 나를 위한 아주 짧은 틈새 시간이 여기저기 널려 있습니다. 이런 시간을 모아서 집에 돌아와 집중할 나만의 시간으로 만들 수 있습니다.

출퇴근길에 자동차 안에서 보내는 20분이나 이동을 위해서 걷는 5분 동안 나는 블로그에 게재할 다음 기사의 소재와 주제를 생각합니다. 이를 실천하려면 요령이 하나 있는데, 이제부터 15분 동안 이동한다 치면 그 시점에서 스마트폰의 메모 앱을 열고 '이동하면서 생각하는 주제'로 한 줄을 적어둡니다.

그리고 이 주제에 관해 15분 동안 집중해서 사색을 합니다. 이동 시간이 끝나기 조금 전에 생각해둔 내용을 적으면

틈새 시간의 활용은 끝이 납니다. 구체적인 원고는 그 자리에서 작성할 수 없지만 생각해야 할 화제나 사용하고 싶은 구호, 구성 정도라면 산책을 하면서도 충분히 가능합니다.

밤에 집으로 돌아가면서 앞서 소개한 지적 축적의 기술 중에서 시험해보고 싶은 것들을 떠올려보는 것도 좋습니다. 이처럼 그리고 싶은 디자인의 밑그림만을 끝낸다는 기분으로 적은 시간이라도 하루 중에 예열할 수 있는 활동은 아주 많이 있습니다.

퇴근 후 집에 돌아가서 만들어낸 시간들과 합치면 적으나마 견실한 지적 생활을 운영할 수 있을 것입니다.

스톱워치 효과

시간 관리 요령은 시간의 정확한 파악에서 시작됩니다. 그런 이유로 스포츠용 스톱워치를 권하고 싶습니다. 메일을 하나 쓰는 시간, 블로그 기사를 쓰는 시간 등을 정확하게 조사해서 대충 15분 걸린다, 30분 걸린다 하고 막연하게 생각만 할 게 아니라 메일 하나를 쓰는 데 정확히 얼마가 걸린다는 식으로 시간의 사용 습관을 파악합시다.

또한 스톱워치에 따라서는 랩타임 측정이나 두 종류의 시간을 측정할 수 있는 기능도 있으니 이것을 사용해서 매일 2시간 정도를 정말 확보하고 있는지, 그중에서 지적 생활에 속하는 건 얼마나 되는지 현상 파악을 위해 사용해보기 바랍니다.

그냥 흘려보내는 시간이나 습관을 잘 파악해보면, 그것을 개선하기 위한 방법이 보이기 마련입니다.

13.
무리한 목표보다
기본을 지켜라

평소에 너무 바빠서 지적 생활을 위한 시간을 좀처럼 내기 힘들거나 때에 따라 할애할 시간이 가늠이 되지 않아서 안정되지 못한 경우도 있을 것입니다.

매일 한 권의 책을 읽거나 매일 하나의 작품을 완성한다는 목표를 세웠다가 끝내 좌절하는 사람을 많이 보았는데, 만일 이런 실패가 계속된다면 목표 자체를 바꾸거나 목표를 세우는 방식을 바꾸는 게 좋습니다.

가령 '매일 실행한다'는 부분을 '일주일에 4일은 책을 읽는다'는 정도로 평균치에 가까운 방법으로 바꿔도 좋고, '매일 읽되 적어도 일주일에 2권 읽는 것을 목표로 한다'고 융

통성 있는 목표를 설정해도 좋습니다.

독서의 속도를 측정해주는
독서앱을 활용하다

나는 독서의 진행 속도를 측정하기 위해, 평균 속도에 착안해서 독서를 관리할 수 있는 어플리케이션 '북클리Bookly'*를 이용합니다.

북클리의 사용법은 간단합니다. 현재 읽는 책을 등록하고, 독서를 시작했을 때와 끝냈을 때 앱의 버튼을 태그해서 도달한 쪽수를 입력하면 됩니다. 그러면 북클리는 1회 독서로 몇 페이지까지 진행되었는지, 1페이지를 읽는 데 걸리는 평균 시간과 나중에 몇 분 안에 책을 다 읽을 수 있는지를 통계 내어 표시합니다.

이렇듯이 스스로 계산하기 번거로운 통계를 간단한 조작만으로 손에 넣을 수 있는 점이 북클리의 매력인데, 이런 데

---

* 독서앱 북클리는 iOS와 안드로이드 환경에서 모두 사용 가능하다. 하지만 현재, 한국어가 지원되지 않아 영어로 이용할 수 있다.

이터는 나만의 독서 방식에 새로운 발견을 가져다주기에 이점이 있습니다.

일반 소설이나 비즈니스 서적, 어려운 전문서의 진행 속도의 차이는 물론이고, 처음 읽는 장르의 책은 장시간 읽는 것보다 짧은 시간 간격으로 읽는 게 익숙하다는 등 자신의 독서 유형이 무엇인지 알게 됩니다.

북클리에는 한 달에 몇 시간 독서를 할지, 몇 페이지의 책을 읽을지와 같은 목표를 설정하는 항목이 있고 독서를 하는 동안의 감상이나 인용을 적을 수 있는 기능도 있어서 독서 습관을 관리하기에 이상적입니다.

이런 식의 독서 계획은 하루에 한 권도 읽지 않는다고 낙담하지 않고 '이번 일주일 동안은 평균적으로 하루에 80페이지를 읽는다'는 식으로 나만의 진행 속도를 객관화해서 관리할 수 있게 합니다.

인간은 애매한 목표를 세우면 그 모호함을 마음속에서 확장시키는 경향이 있습니다. 그런 부정적인 기분에 빠지지 않도록 정확한 숫자를 가지고 융통성 있게 진행 속도를 파악하다 보면 건전한 목표 관리로 이어질 것입니다.

14.
라이프로그를 통해
세계를 객관화한다

미국의 그래픽디자이너 니콜라스 펠턴Nicolas Felton은 2005년부터 2014년까지 매년 자신의 행동을 수치로 표현한 아름다운 인포그래픽스information과 graphics를 합친 말로, 디자인 요소를 활용하여 정보를 시각적인 이미지로 전달하는 그래픽—역주로 만든 연차 보고서로 잘 알려져 있습니다.

2007년 통계에 따르면, 그는 1년 동안 커피 612잔, 맥주 632잔, 와인 336잔을 마셨습니다. 지하철을 탄 횟수는 561회, 택시는 138회로 누적 거리는 1,730킬로미터입니다.

그 외에 누구와 어떻게 시간을 보냈는지, 사진을 찍은 횟수와 장소, 방문했던 식당과 식사의 종류에 따른 빈도와 분

포 등 막대한 통계를 일일이 수집해서 그래픽으로 나타냈습니다.

이런 통계 하나하나는 사실 금방 잊어버릴 수 있는 사소한 자료이지만, 그것을 기록하고 그래프나 지도 위에 그리자 스스로도 알지 못했던 패턴이 보이기 시작했습니다. 데이터가 말을 걸기 시작한 것입니다.

라이프로그에서
나를 여과하다

이것은 엔지니어이자 실업가인 고든 벨Gordon Bell이 마이크로소프트를 통해 처음 제안한 '라이프로그lifelog, 취미, 건강, 여가 등에서 생성되는 개인생활 전반의 기록을 정리, 보관해주는 서비스-역주'의 사고방식에서 기인한 것입니다.

그것은 일상생활의 행동이나 기억을 데이터 형식으로 출력해서 인간의 기억력이나 발상 능력의 한계를 돌파하자는 실험으로, 스마트폰이나 기록용 디바이스가 늘어가는 지금은 누구라도 실천할 수 있는 방법이 되었습니다.

만일 지적 생활의 축적에 관한 목표가 떠오르지 않는다면 입문 과정으로 일상생활이나 매일 즐기는 취미에 관한 기록을 해보기 바랍니다. 애써 의식하지 않으면 놓쳐버리는 일을 기록이라는 형태로 잡아두면 나중에 생각하지 못했던 것이 눈에 들어오기 때문입니다.

가령 무의식적으로 축적해둔 데이터 중에서 당장 확인할 수 있는 것은 당신이 듣는 음악의 청취 횟수입니다. 당신이 지금 사용하고 있는 앱이나 플랫폼에서 각각 음악을 들었던 횟수를 줄 세워 보면 의외로 쉽게 발견할지도 모릅니다.

내가 좋아한다고 생각했던 곡과 실제의 청취 횟수가 다른 경우가 있다면, 그것은 자신의 의식 속에 있던 어떤 '위화감'이 발견되는 순간일 것입니다.

마찬가지로 내가 식당에서 주문하는 음식, 방문하는 장소 같이 평소의 행동을 통계로 파악하면 우연이나 일시적인 기분의 연속으로 보이는 것들 중에서 의식하지 않았던 연관성을 보게 될 가능성도 있습니다.

그것을 한 걸음 발전시키면 내 안의 감동이나 위화감이라는 감정의 라이프로그를 기록하는 것으로 이어지게 됩니다.

우리는 흔히 책을 읽거나 영화를 보고 감동했다는 말을 자주 합니다. 그렇다면 혹시 그 감동의 종류를 정리해보거나 똑같은 감상을 가졌던 작품을 찾아본 적이 있나요?

그 작품들의 배후에는 분명 공통의 데이터가 숨어 있을 것입니다. 그것을 나만의 언어로 정보 발신을 하면, 어딘가에 똑같은 감동을 공유하는 사람이 있을지 모릅니다.

이런 식으로 어떤 경험의 횟수를 기록하는 것, 장소를 기록하는 것, 감동이나 감정을 기록하는 것은 미래를 향한 공통점이나 연관성을 찾기 위한 계기가 될 것입니다.

15.
기록 자체가
가치 있는 지적 축적이다

지적 생활은 특별히 어려운 것을 생각하거나 힘든 작업을 반복하는 게 아니라 단순히 기록을 계속해서 남기는 것만으로 성립하기도 합니다.

오래 전에 후지 TV에서 방영했던 만화 영화 '사자에상 ᵗᵗᵗᵗᵗᵗᵗᵗ'은 다음 회 예고가 끝나면 주인공 사자에상이 과자를 공중에 던져 그것을 입으로 받아먹고 목이 막히는 장면으로 끝이 났습니다.

그런데 과자를 던져서 받아먹는 것을 아이들이 따라하면 위험하다는 의견 때문에 그 장면은 그가 가위바위보를 하는 것으로 바뀌었습니다. 이후 수십 년 동안 그가 가위바위보를 하면서 어느 손을 내는지를 기록한 사람들이 있었습니다. 이런 사람들의 기록을 보면, 어떤 주에 그가 어느 손을 냈는지, 그때 그가 내민 손의 모양이나 위치에 따라 각각의 확률이 몇 퍼센트였는지까지 분석되어 있습니다.

인간이 과거로 돌아가는 것은 불가능하므로 기록을 남기는 것은 그 나름대로 가치가 있습니다. 오래전의 역사서를 보면 487년 7월 9일에 일본에 엄청난 지진이 발생했다는 기록이 있는데, 10월 20일이 지나자 점점 잦아들었다고 적어두어 점차 여진이 가라앉는 상황을 보여주고 있습니다.

현대적인 시점에서 이 기록을 읽으면 당시의 지진의 규모를 추정해볼 수 있습니다. 실제로 이런 고전 기록에서 지진의 규모나 과거의 기상을 조사하는 전문가는 무척 많습니다. 애초에 이런 기록이 없다면 그러한 추론도 만들어질 수 없었을 것입니다.

16.
정기적인 자체 검열로
깊이 있는 지적 축적을

미국 작가 데이나 스피오타Dana Spiotta의 소설《스톤 아라비아Stone Arabia》에는 기억에 얽힌 구절이 나옵니다. 이야기는 치매를 앓고 있는 어머니와 자신이 전설적인 록가수라고 생각해서 가짜 자서전을 쓰는 오빠 사이에서 차츰 가족의 진짜 기억이 모호해져 가는 상황을 여동생 데니스의 시점으로 전개합니다.

데니스는 사진이 진정한 기억은 아니라, 중요한 것을 잘못 기억하는 멍청한 기억 장치라며 이렇게 말합니다.

"사진은 실제 대상을 보려는 적절한 관심을 뒤로 미루는 것에 지나지 않는다. 그리고 결국은 재인용의 기억밖에 남지 않는 것이다. 그것은 일어난 일 그 자체의 기억이 아닌, 촬영된 사진의 기억일 뿐이고 진짜 심화된 기억은 아니다. 그것은 가짜이고, 변색되기 쉽고, 스스로도 그것이 진짜인지조차 확신을 가지지 못한다."

이제껏 여러 종류의 지적인 축적에 관해 소개했지만, 뭔가 새로운 가치가 생기지 않으면 그것은 단지 데이터의 축적이나 의미 없는 정보의 나열에 지나지 않습니다. 적절한 관심을 기울이지 않으면 데니스가 말하는 '재인용의 기억'만이 늘어갈 뿐입니다.

라이프로그가 한참 유행할 때, 매끼의 식사나 걸음걸이의 수를 기록해서 블로그에 올리는 사람들이 많았습니다. 하지만 많은 사람들은 먹는 사진만 수백 장 촬영하다가 거기서 새로운 정보를 창출하지 못하고 차츰 기록을 그만두고 말았습니다. 스스로 그런 작업이 지겨워졌던 것입니다.

이처럼 제대로 주의를 기울이지 않으면 축적하는 정보에 대한 정열이 저절로 잦아들어 정보의 의미도 차츰 희미해집니다. 수년 후에는 자신도 무엇을 위해 기록을 하고 있는지 알 수 없는 비극만이 기다리고 있을 것입니다. 지적 생활이란 망각과의 끊임없는 전쟁인 것입니다.

일 년에 한 번은
정기적인 정보의 회고를

따라서 일 년에 한 번 정도라도 좋으니 축적하는 정보가 훗날 이용 가능한 것인지, 축적의 보람이 있는 것인지를 점검해야 합니다.

독서는 책을 읽을 때마다 즐거운 경험이 되지만, 지난 며칠 동안 읽었던 한 권 한 권이 점과 점이 되어서 뭔가 나에게만 보이는 패턴이 생기는가를 살펴보고, 나만이 느낄 수 있는 흥미가 향하고 있는 곳은 어디인지를 찬찬히 생각해봅시다. 이런 식의 자기검열은 지적인 축적의 의미를 잃을 염려를 줄여 줄 것입니다.

다른 하나의 점검 사항은 항로의 수정입니다. 최근에 새로운 장르의 개척이나 새로운 체험을 적극적으로 하고 있는가? 축적을 하고 있는 것처럼 보여도 같은 장소에서 제자리걸음만 하고 있는 것은 아닌가? 이런 점들을 되돌아봐야 합니다.

마지막으로 주의해야 할 사항은 지적인 축적을 항상 나 자신만의 것으로 해두는 태도입니다. '이 책을 읽었다', '이런 내용이었다'는 식의 정보 안에는 자기만의 감흥이나 관점이 들어 있지 않습니다.

이것은 독서에 대한 기억이 아닌 책 정보로 전락해서 구글 검색으로 알 수 있는 정보의 축적에 그치고 맙니다. 그러면 지적 축적은커녕 하루하루의 요식 행위에 지나지 않게 됩니다.

사진이라는 기록을 기억으로 이어지게 하려면 촬영된 것을 가지고 스토리를 첨부해야 하고, 그렇게 축적된 정보에 관해서도 감상, 감정, 그때의 상황을 써서 함께 남겨 두어야 합니다. 그렇게 개성화된 기록만이 다른 어디에서도 검색할 수 없는 가치를 만들어냅니다. 그리고 그런 개성화 작업이야말로 틀림없는 정보의 축적으로 성장해가는 길입니다.

03

정보 정리와
정보 발신의 전략

정보를 접하는 것으로 그치지 않고
그것을 나만의 생각으로 향상시킬 수 있는 방법을 소개합니다.
누군가에게 선물을 주듯이 정보 발신을 해봅시다.

17.
떠돌던 정보를
정리하고 저장하라

지금까지 지적 생활의 축적을 설계하는 방법에 대해 이야기를 해왔습니다. 여기서는 그렇게 모은 정보를 어떻게 정리해서 발신하는지 살펴보기로 합시다. 먼저 정보의 정리에 대해 알아보겠습니다.

정보가 정리되어 있다는 것은 어떤 상태를 말할까요? 예전 같으면 책상 위에 서류가 정리되어 있다는 식으로 물건이 정돈된 상태를 떠올리기 쉽지만, 디지털화한 것을 포함한 정보는 어떻게 생각해야 할까요?

우메사오 다다오는《지적 생활의 기술》에서 정보 정리는 일반적인 정리 정돈과는 다른 것이라고 언급하면서, 물건이 깔끔하게 정리되었다는 의미가 아니라 필요한 것을 필요할 때 꺼낼 수 있는 상태를 뜻한다고 말했습니다.

필요할 때 원활하게 꺼내기 위해서 예전에는 신문 스크랩을 서류 보관함에 분류해서 정리하고, 주제별로 노트에 적어서 기록하는 방법을 썼습니다.

하지만 정보의 대부분을 온라인으로 검색할 수 있는 오늘날, 필요할 때 꺼낼 수 있다는 의미는 다소 추상적으로 들리기도 합니다. 이제 우리가 더 주의해야 할 것은 정보에서 받은 인상이나 그로부터 생겨난 생각들을 어떻게 정리해야 하는가라는 문제입니다.

떠돌던 것이
나만의 정보가 되는 순간

나는 대학에서 기후학을 전공했기 때문에, 북극 주변의 저기압이나 해빙, 기온 변화 등의 정보들을 평소에 주의해서 관찰하고 있습니다. 희귀한 현상이나 이유 모를 변동을 데이터로 발견했을 때는 그때마다 연구 노트에 적어두고 생각난 가설들을 남겨둡니다.

하지만 이런 기록들의 상당수는 구체적인 생각에까지 이르지 못하는 아주 작은 생각의 싹과 같습니다. 대부분의 가설은 너무 모호하거나 그 당시에만 적용할 수 있고, 때로는 아예 틀린 것들뿐입니다.

그렇지만 현상을 계속 발견해서 가설을 세워나가다 보면 '몇 번 본 적이 있는데'라는 생각이 들게 됩니다. 완전히 똑같은 건 아니지만 설명하기 어려운 공통점이 보이기 시작하는데, 바로 이것이 정보가 생각으로 한걸음 나아가는 순간입니다.

여기서 말하는 '생각'은 단순히 즉흥적인 게 아니라 정보를 접한 결과 생긴, 당신이기 때문에 발견할 수 있었던 견해나 감흥을 가리킵니다. 말하자면 자신만의 필터를 사용해서 정보를 걸러낸 결과로 태어난 독창적인 정보입니다.

정보를 처음 접한 순간부터 향상된 '생각'까지 단숨에 도달할 수는 없습니다. 그저 '떠돌던 정보' 상태에서 반복 적용이 가능한 지식이나 경험이라는 '저장 정보'가 되기 위해서는 나름의 축적이 필요합니다.

떠도는 정보가 언제 저장 정보가 되는지 사전에 알 수는 없기 때문에 스쳐 지나는 정보를 다시 꺼내서 참조할 수 있도록 정리해둘 필요가 있는 것입니다.

정보를 정리하는
기준 세우기

이런 정보 정리 방식을 실현하기 위한 도구나 방법에는 여러 가지가 있습니다. 전부를 노트에 정리해서 적는 사람도 있고, 에버노트Evernote 같은 디지털 도구를 활용하는 사람도 있을 것입니다. 이것은 크게 '시간 순서 기록인가, 단편 수집인가'와 '검색성이 높은가, 낮은가'에 따라 구분될 수 있습니다.

1) 시간 순서 기록과 단편 수집

나는 연구 노트나 독서 노트, 그리고 관찰 일지를 쓸 때는 일이 발생한 순서대로 적어야 편하기에 시간 순서에 따른 기록 방법을 주로 선택합니다.

한편 그렇게 시간별로 기록해서 연관성을 찾아보기 힘들 경우에는 정보 카드처럼 순서나 배열 방식이 자유로운 기록 방법을 고릅니다. 컴퓨터 용어로는 시간 순서 기록을 '순차접근Sequential'이라고 하고, 주제별로 묶는 정보 카드 기록 방법을 '무작위 접근Random access'이라고 합니다. 이 두 가지 방법은 어느 한쪽에 편향되기 보다는 그때그때 상황에 맞게 사용합니다.

2) 검색성이 높거나 낮을 때

검색성은 디지털과 아날로그와의 차이에서 나타납니다. 컴퓨터에서의 검색 기능은 정보량이 아주 많을 때 그 효과가 발휘되지만, 메모에 그려진 그림이나 낙서 같은 이미지를 추가한 정보는 처음부터 디지털화하기가 어렵기에 검색성이 높지 않습니다. 당신이 지적인 축적으로 모은 정보가 사진이거나 손으로 만든 작품인 경우에도 마찬가지입니다.

그렇기에 중요한 생각이 생겼을 때 그것을 어떤 형태로 남겨둘지, 어디에 적어서 보관할지를 사전에 정해두는 게 좋습니다. 이것이 정보 정리 설계의 기본이며 지적 축적의 효율성을 높여주는 길입니다.

18.
정보를 간단히 통합하는
해시태그 정리법

독서를 하다가 '아, 이런 것이었구나!'라고 그 책의 내용을 메모하게 되는 일이 있습니다. 하지만 나중에 그 메모를 보면 의외로 근거가 빈약하고 피상적인데다 특징이 없는 감상뿐인 경우가 흔합니다.

그런데 시간이 조금 지나서 '이 메모는 이런 것이었구나' 하며 돌아보고, 다른 부분과 대조하거나 비교하며 다시 파악해보면 의미가 한층 깊어지는 경우가 있습니다. 바로 그때가 하나의 '생각'을 향해 한걸음 다가서는 순간입니다.

하지만 이렇게 다시 훑어보려고 모든 메모를 처음부터 마지막까지 전부 읽어 내려가는 건 무척 번거로운 일입니다.

그럴 때 적어둔 메모를 가지고 간략한 분류를 해두면 공통점을 찾아내기 쉬울 때가 있습니다. 특히 메모 자체에 의미를 적어두는 것도 좋은 방법입니다.

　의미를 적어둔다는 말을 이해하기 힘들지도 모르겠지만 보통 트위터에서 이용하는 '해시태그' 같은 것이라고 생각하면 이해하기 쉬울 것입니다.

'ooooooooooooooo' #감상#토마스 핀천

　이런 메모가 있다고 할 때, 이를 본 사람은 글의 내용을 보기만 해도 그것이 '감상'이라는 것과 미국 작가 '토마스 핀천Thomas Pynchon에 관한 것이라는 사실을 알 수 있습니다.

　이런 해시태그는 '정보'에 관한 정보이기 때문에 '메모 정보'라고도 부릅니다. 디지털 카메라의 사진에 날짜나 위치 정보가 있는 것과 마찬가지로 메모에도 메타정보를 붙이면 정보를 다루기가 쉬워집니다.

어떤 주제로도
분류하기 용이한 해시태그

고전적인 분류법에서 정보는 각각 배타적으로 나뉘는 기준에 따라 상하구조 안에서 배치되어 갑니다. 하지만 해시태그는 분류가 아니라 집합에 이름을 건 것이어서 상황에 따라 본질과 가장 잘 맞는 태그를 할당하면 됩니다.

예를 들어 신화나 전설을 읽었다면, 메모에 '#경계선을 넘나드는 이야기'나 '#친구를 살해한 이야기'라는 해시태그를 붙여두고 목록을 만듭니다. 나중에 판타지와 추리 소설, 현대문학 등 다른 장르와의 공통점을 찾아내서 심층적으로 연구할 수도 있습니다.

해시태그 정리법은 딱히 뭐라고 불러야 할지 모호한 것에 이름을 붙여 묶는 방법이라고 해도 좋을 것입니다. 그렇기에 그동안 축적해온 다양한 정보 속에서 나만의 독창적인 '생각'을 추출하는데 효과적인 기술이라고 할 수 있습니다.

19.
기억을 기록으로 바꾸는
필기법과 캡처 습관

**필기에 반드시
필요한 요소**

학교에서 공부를 하거나 회사에서 회의를 할 때 노트에 적는 것만을 생각해서 필기를 '어떤 사실을 이해하기 쉽도록 감정을 빼고 적는 것'이라고 생각하는 경향이 있습니다. 하지만 지적 생활의 축적을 위한 필기는 여기에 '나만의 무엇'이 들어갈 필요가 있습니다. 그런데 사실 이 부분을 많은 사람들이 힘들어합니다.

사진을 찍은 다음 나중에 보니 어디서 촬영했는지 장소나 상황이 전혀 생각나지 않을 때가 있습니다. 왜냐하면 사진에는 언제, 어디서, 누구와 함께 촬영했는지 전후 상황의 내용이 없기 때문입니다.

그때의 상황을 노트에 써서 달아두면 어떨까요? 가령 책을 읽다가 그날 읽었던 내용을 잊지 않도록 적어두었다면, 내용 정리에서 한걸음 더 나아가 왜 그 부분이 마음에 들었는지 추가로 달아둡시다. 말하자면 '나'를 그곳에 남겨두는 것입니다.

이런 축적은 독서에만 적용되는 것이 아닙니다. 영화를 보고 화가 났던 기분, 가끔 듣던 음악과 다른 음악 사이에서 느낀 공통점, 와인 가격과 맛의 관계 같은 것들도 느낌이 사라지기 전에 노트에 적어두면 나중에 생기는 연관성이나 발견에서 커다란 수확을 얻을 수 있습니다.

필기에는 다양한 방법이 있어서 심지어 '필기의 기술'에 관한 책들도 많습니다. 하지만 지적인 축적을 생각한다면 적어도 '필기한 날짜, 짧은 제목, 페이지'는 꼭 필요합니다. 다른 항목에서 온 내용이라면 'p.17→'처럼, 그리고 어딘가 다른 항목에 관련 항목이 존재하면 '→p.34'처럼 링크를 걸어둡니다. 그런 다음 나중에 '해시태그 정리법'으로 태그를 달기 위해 공간을 남겨둡니다.

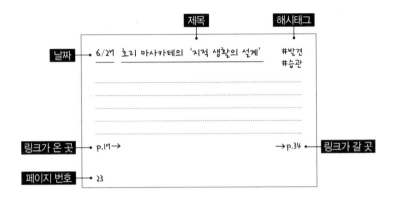

이런 습관은 페이지 끝에 색을 칠해두거나 포스트잇을 붙이는 것처럼 자유롭게 해도 좋습니다. 만일 빈도가 높은 태그가 나오면 노트 마지막 페이지를 사용해서 색인을 만듭니다. 이것만으로도 노트의 검색성은 상당히 높아지고, 안에 숨어 있는 구조를 찾아내기가 훨씬 쉬워집니다.

유비쿼터스
캡쳐의 습관

더욱 중요한 것은 이 노트를 늘 가지고 다니면서 계속해서 적어나가는 것입니다. 처음에는 중요한 사항 위주로 적더라도 나중에 보면 알기 쉽도록 일어난 일에 대한 느낌과 감정을 되도록 많이 기록해두도록 합니다.

이렇게 기억을 모두 기록으로 바꾸는 방법을 나는 모두를 캡처한다는 뜻에서 '유비쿼터스 캡처'라고 부릅니다. 유비쿼터스Ubiquitous는 언제 어디서나 존재한다는 라틴어에서 유래된 말로, 모든 사물을 네트워크로 연결하여 시간이나 장소에 관계없이 다양하게 이용할 수 있게 하는 기술을 말합니다.

'모든 것을 기록한다'고 하면 너무 과장되었다고 하겠지만, 의식하지 않으면 오늘 누구와 이야기하고 어떤 정보와 접했으며, 어떤 느낌을 갖고 하루를 보냈는지 전부 잊어버이기 십상입니다.

작가 이노우에 미츠하루井上光晴가 이와 비슷한 방법을《소설을 쓰는 법小説の書き方》에서 '연습노트 ABC'라는 이름으로 소개했습니다.

노트 A는 일기처럼 하루하루의 일을 썼고, 노트 B는 그날 읽은 기사나 책 내용을 정리했으며, 노트 C는 완전히 지어낸 이야기만 써나갔습니다. 이렇게 일어난 일과 생각한 일을 일단 필기해놓고 그것을 요리조리 응용해서 창작으로 키워나간 것입니다.

이와 마찬가지로 기억할 생각이었지만 잊어버린 것, 기록해둘 생각이었지만 상세한 정보가 부족한 것, 그리고 무엇보다도 자신만의 느낌처럼 누구도 만들 수 없는 정보를 노트에 축적해나갑시다. 이렇게 기억과 기록의 입자 크기를 키우다 보면 당신의 지적 생활의 축적이 보다 명확하게 보일 것입니다.

감정을 기록해서
시간을 되감는다

무슨 일이 있었는지, 무엇을 느꼈는지를 기록하는 것이 습관으로 자리 잡으면 그것을 응용해서 감정을 기록하는 것에도 도전해봅시다.

가령 기쁘거나 슬픈 감정에도 격한 정도나 계기, 표현 방법은 다양하기 마련입니다. 그때 떠오른 마음속 풍경이나 마음 깊은 곳에 숨겨진 기분의 근원적인 이유에 이르기까지 마치 소설의 한 장면처럼 자신의 감정을 살펴봅시다.

오래전에 태어난 지 얼마 안 된 아기 곁에서 우연히 잠을 자다가, 그 순간의 감정이나 스쳐 지나간 여름철 산들바람에 대해 수첩에 적어둔 적이 있었습니다.

그 기록을 나중에 읽어보니 마치 기억을 재생하듯이 그때로 시간을 되감을 수 있었습니다. 이런 글들은 나중에 수필 같은 창작 작업을 할 때 아주 요긴하게 쓰일 것입니다.

20.
단편적인 느낌에서 생각의 완성으로,
정보 카드의 사용법

미국 작가 앤 라모트Anne Lamott는 자신의 인생관과 집필 방법에 대해 쓴 《쓰기의 감각Bird by Bird》에서, 어디에나 필기용 카드와 펜을 가지고 다니며 떠오른 생각의 단편들을 적는 습관을 소개했습니다.

"멋진 순간이나 통찰, 공상, 표현이 문득 떠올라서 확실하게 그것을 붙잡을 수 있었음에도 그것을 잊어버리는 것만큼 나쁜 일은 없다. 그래서 나는 필기를 위한 작은 카드를 사용한다."

그녀의 그런 습관은 한 마디로 말해서 거의 망각과의 전쟁이라 불러도 좋은 것이었습니다. 사실 이처럼 창작이나 일에 필기용 카드를 사용하는 사람은 아주 많은데, 그 역사에 비하면 너무 알려지지 않았을 뿐입니다.

우메사오 다다오는 《지적 생산의 기술》에서 1장 전체를 '필기용 카드'에 관한 설명으로 채웠습니다. 내용을 요약하면 다음과 같습니다.

1) 잊기 위해 쓰자

카드는 망각을 위한 장치로 사용한다. 따라서 카드에 적힌 생각이나 정보는 안심하고 잊어버린다.

2) 한 장에 한 항목만 기록하자

내용이 한 줄이어도 좋으니 카드 한 장에 그때의 생각을 한 개씩만 적어서 생각들이 서로 혼동되지 않도록 둔다.

3) 분류가 목적이 아니다

카드는 분류해서 보존해두기 위한 게 아니라 그것을 정렬해서 새로운 생각을 자극하기 위해서 이용한다.

스마트폰을 비롯해서 기억을 위한 다양한 디지털 도구가 생겨났음에도, 아직까지는 어디라도 가지고 다닐 수 있고 자유롭게 쓸 수 있는 면에서 카드보다 나은 것은 없습니다.

카드의 내용이
'생각'이 되는 순간

필기용 카드를 사용하기 시작했을 때 흔히 겪는 실패는 읽고 있는 책 속의 모든 정보를 카드에 적으려다가 너무 힘들어서 도중에 포기해버리는 일입니다. 익숙해지면 어느 부분을 카드에 적으면 좋은지 분별할 수 있겠지만, 처음에는 한 권의 책이나 영화 한 편에 대한 감상을 한 장의 카드에 적는 것도 좋습니다.

책을 읽다가 필요한 정보가 많아지면 각 장마다 수많은 카드가 생기고, 주목하는 내용을 여러 요소로 나눌 수 있게 됩니다. 카드는 이렇게 논리적으로 사고를 구체화하는 훈련이 되기도 합니다.

처음 100장 내외의 카드로는 어떤 연관성을 거의 만들어내지 못합니다. 실행해나가다 보면 이것은 무의미한 일이 아닌가 생각될 만큼 끈기를 필요로 할 것입니다. 따라서 지금 착실하게 모으는 정보가 있다면 몇 백 장 정도는 넘길 수 있게 정보 축적을 꾸준히 해나가십시오.

카드의 축적이 빛을 발하기 시작하는 것은 카드에 적은 내용을 잊었다가 나중에 무심코 본 카드에서 연관성을 발견했을 때부터입니다. 처음에는 형체를 알 수 없었던 생각과 복수의 카드가 서로 연관되면서 점차 선명하게 다가옵니다.

만약 이런 연관성이 보인다면, 그 자체를 하나의 카드로 적어둡시다. 이 카드는 '목록 카드'라고 이름을 붙여두고 다음에 더욱 큰 연관성을 만들어낼 단서로 사용합니다. 각각의 카드가 조리하기 전의 원재료라고 한다면 목록 카드는 원재료에 당신만의 레시피가 더해진 특별한 카드입니다.

이렇듯 하루하루의 정보에서 받은 자극을 간략하게 구조화할 수 있다는 점이 카드를 사용하는 가장 큰 이유가 될 것입니다.

21.
지적 생활의 도구
스마트폰

지적 생활을 기록하다가 너무 당연한 나머지 간과해버리는 것이 스마트폰이 가진 장점입니다. 스마트폰의 카메라는 영상을 촬영하는 것뿐 아니라 촬영한 시간과 장소도 메타정보로 보존합니다.

이것은 사진을 일기 같은 '시간 순서의 기록', 행선지를 따라 메모한 '장소별 기록'으로 이용할 수 있는 것을 의미합니다. 가는 곳마다 사진을 한 장씩 찍어두고 그것을 '지도 앱'에 정리해서 표시하면 다녔던 경로가 보입니다.

이렇게 촬영한 정보를 이용하려면 기록할 때 조금 주의를 기울여야 할 부분이 있습니다. 만약 여행을 하는 동안 '흥미

있는 것이 있으면 찍는다'는 생각을 하게 되면 목적지만 잔뜩 찍게 되어 전체 여정의 정보를 확인하기 힘든 경우가 많습니다.

반면 어떤 일이 있어도 '5분에 한 번은 무조건 사진을 찍는다'는 생각으로 촬영하면 정렬된 사진들이 의미를 지니기 시작합니다. 무엇이 중요한지는 사전에 알 수 없지만 이 점을 명심하면서 일정하게 사진을 찍으면 분량이 늘어감과 동시에 나중에 기록으로서의 이용 가치가 높아집니다.

매일 같은 시간에 사진을 찍는 것처럼 시간의 단면을 부각시키는 기록 방법을 쓸 수도 있습니다. '1 Second Every-

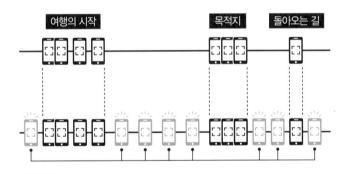

정보를 일정 시간의 간격으로 꾸준히 기록해둘수록, 그 이용 가치는 계속 높아진다.

day'라는 앱을 이용해서 매일 1초의 동영상을 연결하면 자잘한 연속이 이어져서 이야기를 들려주듯이 기록을 남길 수 있습니다.

스마트폰의 무궁무진한 기록 능력을 믿고 일상의 기록을 10배 가량 늘려놓으면 지금껏 놓쳐버린 평범한 날들의 다양한 장면들이 기록물로 남아 빛을 내기 시작합니다.

맥락이
사라지는 문제

그 외에도 스마트폰을 통해 음성 메모를 남길 수도 있고 행선지 기록, 걸음 수, 수면 기록을 간단히 알아볼 수 있습니다. 하지만 기록이 늘어날수록 그것이 어떤 상황이었나 하는 맥락을 잃게 될 수도 있습니다.

시간이 지나면 앨범에 있는 사진 속 인물이 누구였는지 모르게 되는 것처럼, 정보에 관한 설명을 어딘가에 남겨두지 않으면 기록은 이어지지 않고 이용할 수 없는 데이터만 산더미처럼 쌓여 갑니다.

이것을 방지하기 위해 음성 메모나 동영상 파일은 에버

노트와 같은 별도의 디지털 도구에 보존하고 그 해설을 담은 텍스트 파일을 함께 저장하면 검색성을 높일 수 있습니다. 사진은 구글 포토Google Photos처럼 기계 학습으로 사진 내용을 판별해주는 기능으로 보관하면 됩니다. '해안가 사진', '일러스트'처럼 수작업으로 분류하기에 시간이 걸리는 사진의 선별도 기계에 맡기면 생각보다 편리하게 이용할 수 있습니다.

22.
무엇을 위해,
어디로 정보 발신을 할 것인가?

앞서 정보 발신은 지적인 축적을 누군가에게 보내는 '선물'
이라고 썼지만 아직 '왜 정보 발신을 해야 하는가?'라는 점에
서 납득이 되지 않는 사람이 있을 것입니다. 또한 '나에게는
발신할 수 있는 것이 없다', '개인적으로만 만족할 지적 생활
을 유지하면서 살면 안 되나' 하는 의문도 생길 것입니다.

하지만 지적인 축적을 하는 사람이라면 적극적으로 발신
을 해야 하는 여러 이유들이 있습니다. 나는 그중에서 중요
한 두 가지를 살펴보고자 합니다.

지적인 생활은
정보 발신으로 완성된다

첫 번째로 발신을 하면 그간 축적된 정보가 정리된다는 이점이 있습니다. 정보를 축적하고 다양한 연결점을 알아내도 그것을 실제로 누군가에게 설명하기 위해서는 나름의 근거와 실례가 필요합니다. 그래서 정보 발신을 준비하다 보면 수집한 정보의 의미를 깨닫거나 어떻게 설명하면 나와 다른 사람이 동시에 납득할 수 있는지 판단이 서기도 합니다.

두 번째로, 발신을 함으로써 정보가 더욱 모이는 경향이 있습니다. 블로그 기사를 쓰면 반응이 생깁니다. SNS에서 발신하면 가끔은 반론이 전해지기도 합니다. 활을 쏜 입장에서 보면 그것은 자신이 발신한 정보에 대한 답변이거나 편견을 점검하기 위한 시험입니다.

확실히 누군가가 보게 될 정보를 발신하는 것에는 불안이 따르고 내용에 따라서는 위험도 생깁니다. 그래서 모든 생각을 바로 발신하는 것이 아니라 나만의 지적 생활의 성장 속도에 맞춰 천천히 진행해야 합니다. 정리된 정보나 당신 안에서 생겨난 발견은 어딘가의 누군가가 볼 수 있는 형태로 발신이 될 때 완성된다는 것을 잊지 말기 바랍니다.

무엇을
발신할 것인가

정보 발신은 말을 잘하는 논객처럼 주장을 펼치는 것만이
아닙니다. 인터넷에서 발견한 정보를, 그것을 전혀 알지 못
하는 사람이 이해하기 쉬운 수준으로 정리만 해도 충분합니
다. 따라서 지적 생활의 초심자는 다음과 같은 발신 방법을
생각해볼 수 있습니다.

1) 발견을 소개할 것

책을 읽고 난 후의 감상, 인터넷에서 찾아낸 재미있는 이
야기, 화제의 뉴스 등 내가 재미있다고 느낀 내용을 그대로
소개만 해도 훌륭한 발신이 됩니다.

하지만 단지 화제를 오른쪽에서 왼쪽으로 옮기는 수준이
라면 새로운 정보는 하나도 생겨나지 않습니다. 내가 그 정
보에 대해 어떻게 느꼈는지, 과거의 경험에서 어떤 관련성
을 찾을 수 있는지를 조금이라도 부가해야 합니다. 나름의
가설을 세운 뒤 그 이유와 함께 서술한다면 개인적인 발신
이 되는 것입니다.

2) 사람을 연결하는 고리인 정보

소셜 인터넷 전문가인 폴 아담스Paul Adams는 《세상을 연결하는 관계의 비밀Grouped : How small groups of friends are the key to influence on the social web》에서, 정보는 인터넷 안에서 균일하게 전해지는 게 아니라 어떤 집단과 집단을 연결하는 '중심축'과 같은 인재를 통해서 수준이 향상된다고 지적했습니다.

이런 중추적인 인재는 그렇게 특별한 사람이 아닙니다. 어떤 집단에서는 잘 알려진 정보라고 하더라도 다른 집단의 구성원들은 전혀 모를 수 있기에 그것을 잇는 발신을 하는 것만으로도 가치는 생깁니다.

재미있는 사례로 마이크로소프트 공동 창업자인 폴 앨런 Paul Allen이 출자한 해양 조사선 '옥토퍼스 호'가 예전 일본 해군의 전함을 발견한 적이 있습니다. 해저에서 옛 군함을 발견하는 모습이 전세계에 실시간으로 방송되자 일본의 모형 동호회는 놀라움을 금치 못한다는 반응을 SNS에 보였습니다.

기밀이 많은 전함의 세부 구조는 고증으로도 불분명한 부분이 많기 때문에 모형은 그들 나름의 추리로 만들어지는 경우가 많습니다. 하지만 이번의 중계로 지금껏 불분명했던 부분이 명확해지자 '이런 곳에 대공포가 설치되어 있었다니!' 하면서 일부 사람들이 반응을 보였던 것입니다.

3) 완성을 향한 과정을 발신한다

완성된 뭔가가 없어도 그것을 향한 과정을 발신할 수도 있습니다. 스웨덴의 유명 밴드 빈터가탄Wintergatan은 구소련의 발명가 테레민이 발명한 세계 최초의 전자악기 테레민theremin이나 펀치카드기종이 카드에 일정 형식의 구멍을 뚫어 문자, 숫자 또는 기호를 나타내는 기기—역주 같은 평범하지 않은 '악기'를 가지고 연주합니다. 2016년에는 2000개의 구슬이 톱니바퀴에서 움직여 음악을 연주하는 악기 '마블 머신Marble Machine'을 유튜브에

새로운 악기 '마블 머신 X'의 제작 과정을 팬들에게 그대로 발신하는 빈터가탄의 유튜브.

소개하며 세계적으로 유명해졌습니다. 이 밴드는 또한 1년 넘게 제작해온 새 악기 '마블 머신 X'의 설계와 구조, 제작 과정에 따른 실패를 동영상으로 만들어 일주일 간격으로 공개해왔습니다.

이처럼 지적 생활의 발신은 대단한 게 아니라 생활의 한 부분을 가지고 작은 발신을 보내면서 시작됩니다. 그것이 의외의 사람에게 전해져 기대하지 않은 평가를 받기도 합니다. 물론 나부터 한 발 내딛어 발신을 해야 거기서 연관성이 파생된다는 점은 항상 기억하길 바랍니다.

23.
소셜 네트워크를
지적 발신의 장소로 삼다

발신한 정보를 되도록 많은 사람들에게 퍼뜨리고 싶으면 소셜 미디어SNS를 잘 활용해야 합니다. 블로그 기사를 많은 사람들이 읽으면 먼저 소셜 미디어에서 화제가 되고 그에 따라 기사를 읽는 사람이 늘어나는 상황이 일반적입니다.

들어온 정보 중에 버려야 할 것과 저장해야 하는 것이 있듯이 발신하는 정보에도 블로그라는 저장 정보와 SNS에 떠도는 정보가 있어 이 두 가지를 잘 다뤄야 합니다.

SNS에는 각각의 특징이 있습니다. 트위터는 정보 단위가 140문자로 짧고 그것이 리트윗retweet, 트위터에 게재된 메시지를 다른 사람에게 전달하거나 추천하는 것–역주되면 타임라인에서 순식간에 확산됩니다. 페이스북은 지인들이 주축이 된 긴밀한 네트워크를 따라 공유한 정보가 증폭되기 때문에, 확산력이 큰 사람에게 도달하면 그곳에서 정보가 더욱 넓게 퍼져갑니다. 한편 인스타그램은 이미지의 아름다움이나 감상처럼 제공하는 콘텐츠가 가진 이야기를 통해 유저의 공감을 불러일으키는 매체입니다.

SNS를 정보 발신에 이용하려면 이런 각각의 특징을 고려해서 확산의 폭이 가장 넓게 퍼지도록 설계해야 겠습니다.

인기를
얻기 위한 위험성

하지만 오로지 폭발적인 인기를 끌기 위해 SNS를 운용하는 것에는 위험성이 내재되어 있습니다.

2018년 7월 나는 폭염과 관련해서 '알고 계십니까? 현재 기상관측 현장에서는 백엽상기상 관측을 위하여 옥외에 설치한 백색 나무상자－역주을 사용하지 않습니다'라는 내용의 트위터를 작성했는데 엄청난 화제를 몰고 와서 약 2만 회 리트윗되고 총 200만이라는 조회 수를 기록한 적이 있습니다. 그 글이 너무 짧아서

'기상관서나 지역 기상관측 시스템에서는 백엽상을 사용하지 않는다'는 자세한 설명을 할 수 없었다는 점이 문제였습니다. 그래서 일부 사람에게 '학교에서도 백엽상은 사용하지 않는다고 한다'는 뜻으로 잘못 전달되었습니다.

특히 트위터는 글자수 제한이 있어서 상세한 어감을 전달하기 어렵고 확산을 위해 자극적인 말을 사용하면 들불처럼 타오르는 일이 끊임없이 일어납니다. 강한 확산력은 생각지도 않은 사람에게 정보가 전해지는 장점과 동시에 전해지지 않았으면 하는 사람에게까지 제멋대로 퍼지는 단점도 있습니다.

가령 'B의 팬은 모두 폭력적이다'라는 발언을 A를 좋아하는 집단에게만 전하고자 하더라도 당신의 글은 어느새 퍼져서 B의 팬을 포함한 다수의 표적이 되어버릴 것입니다.

어떤 사람이 올린 글을 다른 입장의 사람이 읽고는 내용이 불쾌하다고 지적할 수도 있습니다. 이런 경우는 어느 쪽이 나쁘다고 할 수는 없지만, 만날 일이 없는 사람들이 SNS의 확산에 이끌려서 부딪힌 운 나쁜 경우라고 볼 수 있습니다. 그렇기에 SNS를 상업적 도구로 사용하는 사람은 인기와 공감의 위험성에 관해서도 고려하며 발신해야 합니다.

지적 발신을 위해
팔로워를 늘리는 전략

SNS에서 지적 생활의 발신을 하는 경우에는 개인이 생활하면서 생긴 일이나 경기 관람에 반응하는 것과는 다르게 더욱 신중하게 실행해야 합니다.

1) 일관성 있는 느긋한 발신

어떤 주제에 대해 정보 발신을 하려고 결심했다면 당신을 팔로우하는 사람이 그것을 이해하기 쉽도록 일관성 있는 글을 올려야 합니다.

일상에 관한 글이나 농담에 반응하는 정도는 괜찮습니다. 하지만 가령, 와인 블로그에 스포츠나 텔레비전 프로그램에 관한 글만 계속해서 올리면 읽는 사람은 당신을 팔로우할 이유를 잃고 맙니다.

또한 발신은 한 번에 모든 정보를 제공하는 것이 아닌 블로그와 마찬가지로 조금씩 천천히 실행해야 합니다. 화제의 책을 올리는 사람에게는 책을 좋아하는 사람이 모여듭니다. 어떤 한 권의 책을 좋아해서가 아니라 언제나 책을 이야기한다는 기대감에 모이는 것입니다.

다시 말해 발신의 내용 자체가 팔로워를 늘리는 것이 아니라 계속해서 비슷하고 재미있는 발신을 해줄 것이라는 기대치가 높아야만 팔로우 버튼을 클릭하는 사람들이 많아진다는 뜻입니다.

2) 블로그와 같은 저장 정보에 링크를 건다

트위터든 페이스북이든 소셜 미디어의 정보가 만들어내는 타임라인은 빠르게 떠돌다가 사라져서 그것을 나중에 찾아내기란 어렵습니다. 그래서 SNS에서의 발신은 블로그처럼 보다 고정된 형태의 기사를 링크해서 자세한 사항은 그쪽으로 건너가 읽도록 만듭니다.

최근에 트위터에는 연속 트위터의 기능이 추가되었습니다. 이것은 140자의 글을 임의의 수만큼 더욱 이어서 한 번에 올릴 수 있는 기능인데, SNS와 블로그의 딱 중간 정도의 존재라고 할 수 있습니다. 이런 연속 트위터를 블로그 기사로 정리해두면 SNS에서 화제를 확산시키는 동시에 안정된 장소인 블로그에도 기사를 작성하는 일석이조의 상황이 됩니다.

3) 팔로워를 천천히 늘리면서 동호인을 발견한다

SNS에서 팔로워가 느는 것은 정보 발신이 신뢰를 얻었다는 점에서 기뻐할 만한 일입니다. 하지만 그렇게 늘어난 팔로워 수만 신경 쓰며 단기적 전략에만 집중할 필요는 없습니다.

모형 동호회나 특정한 만화영화 동호회가 존재하는 것처럼 당신의 팔로워는 당신에게 관심이 있는 사람들입니다. 당신이 착실하게 발신하는 내용에 어딘가 매력을 느끼고 곁눈질하는 잠재적인 팬들의 모임입니다.

《기술의 충격What technology wants?》의 저자 케빈 켈리는 '1000명의 진짜 팬들'이라는 블로그에서 당신이 무엇을 발신하고 만들어내더라도 그것을 보고 구입해주는 열정이 있는 절대적인 팬이 1000명쯤 있다면 생산자로서 활동을 유지할 수 있다고 지적합니다.

SNS의 발신은 당신을 모르는 사람들 속에서 시간을 두고 천천히 진정한 팬을 끌어모으는 행위입니다. 자극적인 반응이나 우스갯거리로 인기를 끄는 전략이 가끔은 성공할 때도 있습니다. 하지만 그런 단기적인 성공이 아닌 진정한 성공은 장기적인 계획으로 착실한 발신을 할 때 이뤄지는 것입니다.

24.
10권을 동시에 읽기 위한
세이브포인트 독서법

책을 읽는 법과 선택하는 법에 관한 선인들의 노하우는 매우 많지만, 지적 생활을 위한 시간 사용법을 고민할 때 효과적인 기술로 '세이브포인트Save point'라는 방법이 있습니다.

읽은 내용에 대한 감상을 쓰고 줄거리를 정리하는 독서 메모는 이미 많은 사람들이 하고 있다고 생각합니다. 제가 게임을 본떠서 '세이브포인트'라고 부르는 이 방법은 내용 정리를 넘어 '내일 다음 장을 읽을 때 한번에 내용을 떠올리는 것'을 목표로 합니다.

연속극에서는 '그 전주까지의 내용'이 프로그램의 처음에 정리되어 나올 때가 있어 본편이 시작됨과 동시에 금방 내용에 젖어드는데, 세이브포인트 메모도 그와 비슷합니다. 단순히 내용을 써도 좋고 '그럼, 여기서부터는 이렇게 될까'라는 기대를 적어도 상관없습니다. 다음 날 내가 한번에 그것을 머릿속에서 그려내고 오늘과 같은 분위기에서 다음 글을 읽을 수 있다면 그것으로 충분합니다.

세이브포인트를 할 때는 마치 게임의 미션을 완수하는 것처럼 그때그때를 기록해두면 좋습니다. 가령 많은 시간을 확보할 수 없어서 5분밖에 읽을 수 없을 때도, 반드시 한 줄의 세이브포인트는 적어서 추가하는 습관이 필요합니다.

그러면 그 책을 펼친 횟수만큼 메모가 늘고 완독했을 때는 세이브포인트의 연결 자체가 책을 구조화한 메모가 되는 경우도 있습니다. 이런 세이브포인트는 북클리 같은 독서앱 안에서 만들어도 좋고 별도의 노트 안에 적어놓아도 좋습니다.

10권을
동시에 읽는다

세이브포인트로 메모를 해두면 복수의 독서를 동시에 하는데 아주 용이합니다. 실제로 나는 책을 읽을 때 그날의 컨디

션에 따라 집중력이 들쑥날쑥한 편이어서 전문 서적에서 추리 소설로, 실용서에서 만화로, 해외 문학에서 라이트노벨로 하루에도 몇 번이나 책을 바꿔가며 읽는 일이 많습니다.

어쩌면 당신은 얼마 전 읽었던 책 정도는 기억하고 있다고 자신하겠지만, 실상은 그렇지 못할 가능성이 크니 반드시 한 줄이라도 세이브포인트를 적어두는 편이 좋습니다. 그렇게 되면 읽는 책이 늘어도 혼동되지 않고 몇 년 동안 읽지 않았던 책도 어디서부터 다시 읽으면 되는지 알기 쉽습니다.

세이브포인트에는 부가적인 효과도 있습니다. 토마스 핀천의 《메이슨 & 딕슨Mason & Dixon》을 사서 거의 읽지 않고 있던 나는 해외 출장을 가기 위해 탄 배에서 그 책을 읽게 되었습니다. 흔들리는 배 위에서 밤낮을 가리지 않고 시간이 날 때마다 읽어서 단숨에 완독했었습니다. 이 사실은 얼마 전 이 책을 다시 읽으려고 꺼냈을 때 당시 기록했던 메모를 통해 알게 되었습니다.

나는 독서의 상황을 미래에 전하기만 한 것이 아니라 어떤 기분으로 읽고 있었는지도 미래의 나에게 전하고 있었던 것입니다. 그만큼 세이브포인트 메모는 나만의 지적인 축적을 돕는 든든한 정보원이라고 할 수도 있습니다.

04

지적 생활에 필요한
도구와 습관

지적 생활을 장기적으로 유지할 수 있는 습관과
필요 재정을 운용하는 방법, 그리고 지적 생활의 성과로
활동 자금을 버는 방법에 관해 살펴보겠습니다.

25.
지적 생활의
습관을 설계하라

지적 생활은 장기전입니다. 몇 개월, 때에 따라서는 몇 년이 걸리는 매일의 정보 자극 속에서 지적인 축적이 조금씩 형성됩니다. 언뜻 보기엔 매우 힘들게 살아가는 것처럼 보이지만 지적 생활의 좋고 나쁨이 운이나 재능만으로 결정되지 않는다는 사실은 오히려 마음을 든든하게 만듭니다.

　좋아하는 일이나 흥미 있는 것에 관심을 갖고 일상의 습관으로 자리매김하는 것이 중요하기 때문에 하루하루의 상태를 점검하고, 긴 안목으로 지적인 축적이 가능한 생활 습관에 주목해야 합니다. 이번에는 그런 지적 생활에 도움이 되는 습관이나 도구에 대해 살펴봅시다.

지적 생활의 패턴을
의식한다

매일 일을 하고 집으로 돌아와서 지적 생활을 위한 활동을 하는 이중생활을 하다 보면, 조금씩 일정한 생활 패턴이 보이기 시작합니다. 몇 시까지는 집에 가야 그날의 독서 목표를 달성할 수 있는지, 몇 시부터 원고 작성을 시작해야 블로그의 기사를 완성할 수 있는지 등 하루하루의 작은 성공과 실패를 좌우하는 요소들을 생각하는데 익숙해진 것입니다.

여기서 중요한 것은, 독서나 지적 활동을 더 많이 쌓을 수 있도록 자신을 채찍질하는 게 아니라 주어진 시간 속에서 가장 적합한 생활 방식이 무엇인지를 찾아내는 것입니다.

나는 원고 작성처럼 글을 쓰는 작업은 주로 밤에 하는 편입니다. 책을 더 빨리 읽고 싶으면 아침의 이른 시간이나 점심시간, 또는 이동 시간을 이용하는데 낮 동안 하루 목표의 절반을 채우지 못하면 밤에 아무리 하려고 해도 달성하지 못할 때가 많다는 사실을 기록을 통해 파악했습니다.

또한, 하나의 블로그 기사를 쓰려면 집필과 퇴고, 사진 설정을 포함해서 평균 90분이 걸려서 그날의 주제가 정해지지 않으면 그 일에 30분 정도가 더 든다는 사실도 과거의 경험에서 알아냈습니다.

　그러니 일단은 매일의 활동을 자세하게 분석하기 위해 시계나 스톱워치를 가지고 시간을 측정해보기 바랍니다. 한 달 동안 독서를 시작한 시간과 유지한 시간을 계산해보면 만족한 날과 그렇지 않은 날에 대한 각각의 패턴들이 보일 것입니다. 그 외에도 측정이 필요한 부분으로 다음과 같은 것들이 있습니다.

1) 식사 시간과 양

몇 시까지 저녁 식사를 해야 그 후에 충분한 휴식 시간을 가질 수 있을까? 식사의 내용과 식곤증은 관계가 있을까? 이처럼 식사와 관련된 다양한 의문을 조사해봅시다.

2) 취침 시간과 낮잠 시간

스마트워치 같은 전자기기를 이용해서 취침 시간과 낮잠 시간을 측정하면 최소 몇 시간을 자야 피곤이 가시는지, 반대로 밤 늦게 몇 시까지 자지 않으면 몸이 안 좋은지, 술을 마신 다음 날 숙취가 어떤지 등 신체가 반응하는 패턴을 알 수 있습니다.

3) 감정의 점검

가족과 다투거나 현장에서 스트레스를 받으면 개인의 지적 생활도 그대로 영향을 받습니다. 불안이나 초조함을 느낀다고 무턱대고 감정을 차단하기만 할 게 아니라 수첩에 남김없이 적어놓고 그 존재를 인정한 뒤에 휴식이나 일상에서 벗어난 한때를 보내도록 합시다.

물론 이런 생활의 패턴은 그날의 분주함, 몸의 상태 그리고 여름이나 겨울이라는 계절의 차이에 따라 다릅니다. 일의 성공이나 실패에 일희일비할 게 아니라 자신을 관측 대상으로 삼아 지적 생활의 기록을 이어가면서 성공의 패턴을 반복해나가야 합니다.

시간 절약의
습관

우리는 시간을 사용하는 일에 있어서 무조건 욕심쟁이가 되려는 경향이 있습니다. 짧은 시간 안에 많은 것을 밀어 넣고 시간이 모자란다고 한탄한 경험이 누구에게나 있을 것입니다.

앞에서는 '일상적으로 2시간을 만들어낸다'는 입장에서 시간 관리의 큰 틀을 생각해보았는데 이제부터는 하루의 습관으로 시간을 더욱 세분화해서 1, 2분 단위로 모으는 방법들을 알아보려고 합니다.

가령 아이폰을 이용하는 사람이라면 실천할 수 있는 것이 있는데 바로 매일 지적 생활의 시간대에서의 '알림 제로' 설정입니다. iOS의 '취침 모드'의 시간대는 통상 심야로 설정한다고 생각하지만, 이것을 과감하게 20분 정도 빨리 설정하고 그 이후는 일정한 통지나 착신의 알림을 꺼버립니다.

이런 설정만으로 쓸데없는 메일이나 앱의 알람이 수없이 울려 집중력을 방해하고 그때마다 다시 하던 일에 집중하기 위해 허비했던 몇 분의 시간들을 줄일 수 있습니다. 그밖에도 수작업으로 했던 일을 자동화하거나 프로그래밍 또는 간단한 장치를 이용해서 작업의 수고를 줄이는 것도 시간 절약의 관점에서 도입해야 할 습관입니다.

하루에 3분씩 세 번, 합쳐서 9분 정도를 절약하면 1년에 약 55시간을 아끼는 셈입니다. 짧은 시간이라도 절약하는 습관을 익히면 하루에 몇 페이지의 독서와 사색의 시간, 필요했던 잠, 숨을 돌릴 수 있는 시간을 얻을 수 있다는 뜻입니다.

항상 무기를
갖춰둔다

나무를 베는 일이 바빠서 톱날 가는 시간을 아까워하다가 톱날이 망가지는 바람에 오히려 시간을 잃게 된 나무꾼 이야기를 들은 적이 있습니다.

지적 생활도 마찬가지입니다. 전체의 5퍼센트 정도 되는 시간을 새로운 분야를 개척하거나 새로운 기술의 학습에 사용하면 장기적인 이익을 늘릴 수 있습니다.

문자로 전하는 블로그만 사용했던 사람이 동영상 편집을 배우면 남들보다 몇 년 앞서서 콘텐츠의 폭을 넓힐 수 있고, 평소에 도전하지 않았던 종류의 책을 사서 읽다 보면 새로운 경지가 열리듯이 투자를 위한 시간은 멋진 우연을 불러옵니다.

나는 서재에 관련된 문구나 장치, 지적 생활에 필요한 인터넷 서비스나 앱에 한해서는 눈에 들어오는 것이면 반드시 한 번은 시험해봅니다. 이미 항상 쓰던 도구를 사용하고 있어도 새로운 관점으로 시험해보면 어떨까, 도구가 작동하지 않는 사각지대는 없을까, 하고 점검합니다.

대표적인 것으로 메모 애플리케이션 에버노트가 있습니다. 에버노트는 녹음, 사진 저장, 저장한 메모에 대한 위치 정보 추가, 태그에 따른 메모 분류, 키워드에 따른 메모 검색, 텍스트, 이미지 및 링크 첨부 등을 포함하여 웹 페이지의 일부 또는 전체를 스크랩하는 기능을 갖고 있습니다.

문제는 이런 에버노트가 없을 경우를 감안해서 치명적인 피해를 받지 않도록 항상 다른 수단도 예비해둬야 한다는 것입니다. 훌륭한 전사는 무기를 연마하는 일에 게으름을 피우지 않는다는 말이 있습니다. 하물며 우리들은 장기적인 지적 생활이라는 목표를 세운 사람들입니다. 승리하는 방법을 습득한 다음 적합한 무기를 찾는 것은 재능의 여부와 관계없이 장기적인 승리의 확률을 높여줄 것입니다.

26.
일상에 열정을 더할
나만의 습관을 만들어라

지적 생활을 했던 작가나 예술가들에게는 각자 일상 속에서 착실히 실천한 나름의 습관이 있었습니다. 대표적으로 커피, 낮잠, 그리고 산책하는 습관이 그것입니다. 그런데 그런 습관은 지적 활동에 본질적인 요소가 아닌데도 한 사람의 활동에서 숨은 공로자 같은 역할을 했다는 사실을 확인할 수 있습니다.

가령 베토벤이나 칸트는 기상과 동시에 커피를 한 잔 마시면서 그날의 일을 시작했다고 합니다. 키르케고르는 50종류의 커피 잔을 준비한 뒤에 설탕을 수북이 쌓아서 그것이 녹아 들어가는 걸 보는 의식을 치르는 습관까지 있었다고

레벨 8
HP 건강지수 20
MP 능동지수 5
집중력 0

코멘트
▶ 커피를 마신다
세수를 한다
스트레칭을 한다

집중력 저하에 빠졌다! 어떻게 할까요?

합니다.

나도 커피를 무척 좋아하는 사람인데, 오전 중의 몇 시까지 커피를 마신 날과 그렇지 않은 날의 오후 집중력이 다르다는 사실을 기록을 통해 알았습니다. 밤에 집필을 시작하기 전에 커피를 한 잔 더 마시는가의 여부가 그날 써야 할 원고량을 결정하는 기준이 될 정도였습니다.

물론 커피가 몸에 맞지 않는 사람도 있겠지만, 단순히 좋은 생활 습관을 가지자는 구호 이상으로 그날의 활동에 가속을 불어넣을 습관 하나씩은 꼭 필요하다고 생각합니다.

지적 생활의 설계

낮잠과 산책이
가진 효과

낮잠이나 산책도 마찬가지입니다. 그 자체는 평범한 습관이지만, 사람에 따라 이것이 지적 생활을 지탱하게 만드는 힘의 원천이 되는 경우도 있습니다.

영국의 수상 윈스턴 처칠은 제1차 세계 대전으로 험난한 시간을 보냈을 1914년부터 1915년까지의 기간을 이렇게 회고했습니다.

"인간은 자연이 준 잠이라는, 축복받은 안식 없이는 아침 8시부터 심야까지 쉼 없이 노동을 할 수 있게 만들어지지 않았다. 단 20분 정도만 주어져도 필수적인 활력이 되살아나는 데 충분하다."

처칠은 자신의 말대로 오후가 되면 어린아이처럼 한 시간을 자면서 본인이 언급한 '하루 중간의 일' 즉 잠을 매일의 일과에 끼워 넣었다고 합니다.

일상에 활동적인 힘을 불어넣는 또 다른 습관 하나로 산책이 있습니다. 찰스 다윈은 하루에 세 번씩 습관적으로 산책을 했습니다. 스티브 잡스나 오바마 전 미국 대통령은 산책하면서 갖는 모임을 좋아했다고 합니다.

그밖에도 커피와 마찬가지로 산책의 습관을 가진 작가나 철학자는 헤아릴 수 없을 만큼 많습니다.

　이런 습관이 아니더라도 꼭 자신만의 특별한 습관을 만들 것을 권장합니다. 나는 욕실에서 관절에 좋은 스트레칭을 하면서 상반신을 풀면 집중력이 높아지는 경향을 발견하고는 그 후로 집중해서 실천합니다.

　처음에는 기분 탓이겠지 했지만 계속하다 보니 신기하게도 관절이 예전보다 훨씬 좋아지는 효과를 보았습니다. 당신도 일상 속에서 이런 습관을 찾아보기 바랍니다.

27.
아침형 인간의
지적 생활

캐나다 작가 메이슨 커리Mason Currey의 책 《리추얼Daily Rituals》은 작가, 학자, 음악가 등 저명인사들이 평소에 어떤 습관으로 살아갔는지를 조사한 책입니다.

위대한 예술가의 일상이 평범한 사람을 넘어서는 엄격한 규율로 이뤄진 게 아니라는 사실과, 어쩌면 더욱 엉망이고 다소 편집적이며 기묘한 일상으로 구성되었다는 사실을 엿볼 수 있는 점이 이 책의 묘미입니다.

집필을 할 때는 피울 담배를 반드시 12개비로 제한하기로 다짐한 독일 작가 토마스 만Thomas Mann이나 침대에 눕지 않으면 영감이 떠오르지 않았다는 미국 작가 트루먼 커포티

Truman Capote의 일화를 들으면 친근감과 동시에 어쩐지 이해가 되는 부분도 있습니다.

이 책에 등장하는 창작자 모두가 '아침형 인간'은 아니지만 반복해서 나타나는 패턴이 있었습니다. 대부분 아침에 일어나서 가볍게 식사하고 바로 일을 시작해서 하루에 주어진 일을 거의 다 마치면 오후에는 산책과 지인과의 교제로 시간을 보냈습니다.

책 속에 등장하는 인물 중에서 특징이 있는 26명을 골라 수면 시간과 일하는 시간, 그리고 본업이나 운동, 교제를 하는 시간을 인포그래픽으로 만들어 관찰했더니 그 경향이 여실히 드러났습니다. 예를 들어 무라카미 하루키는 오전 4시에 일어나 곧바로 일을 했고, 베토벤과 빅토르 위고는 오전 5시에 일어나 역시 곧바로 일을 시작했습니다.

반면에 완전히 반대로 밤에 창작의 영감이 정점에 이르는 사람들로는 카프카와 피카소가 있습니다. 물론 그렇더라도 아침형 예술가가 훨씬 많았는데, 그들은 일어나자마자 식사를 하거나 30분 정도 지나서 식사를 했고 공통적으로 그 후에 바로 창작 활동에 전념했습니다.

일어나자마자 바로 가장 중요한 일을 했다는 것이 아침형 지적 생활을 유지하는 사람들의 특징입니다.

아침 시간의
활용

일반적으로 아침에 일찍 일어나서 활동하는 사람들의 사례를 들여다보면 두 가지 중요한 문제가 숨어 있다는 사실을 알 수 있습니다.

그것은 이른 아침에 출근하는 사람이 몇 시에 일어나야 어느 정도 지적 생활의 시간을 확보할 수 있는지와, 밤에는 몇 시에 잠자리에 드는 게 좋은지에 대한 문제입니다.

나의 지인은 항상 오전 4시에 일어나서 7시까지 책을 집필한다고 합니다. 밤 10시 전에는 잠자리에 들 필요가 있기 때문에 독서는 집에 돌아와 취침 전까지의 시간에 하려고 노력한다는 얘기를 들려주었습니다.

밤에 모든 활동을 집중하는 저녁형과 비교해서 아침형 인간은 창작 활동을 기상 직후에 실행하는 대신에 지적 생활은 아침과 저녁 또는 취침 전이라는 두 개의 시간대로 나눠서 실행하고 있었습니다. 이것은 앞서 얘기한 메이슨 커리의 책을 도표로 만든 결과에도 그대로 나타납니다.

아침형의
이점

아침형과 저녁형 중 어느 쪽이 좋은지에 대해서는 수많은 연구와 조사가 있었지만 명확한 결론이 내려지지는 않았습니다.

하지만 아침형 인간은 '계획을 세우기에 알맞다', '적극적이고 능동적인 방식으로 일한다' 등 진취적인 경향을 가진 것으로 알려져 있습니다. 또한 아침에 일어났을 때 오전 동안의 집중력이 가장 높기 때문에 일의 효율도 그 시간대가 가장 높습니다.

현재 저녁형인 사람 중에 아침 일찍 일어나는 것은 의지의 문제라고만 여겨서 별다른 준비도 없이 다짜고짜 아침형 생활을 시도해본 경우들이 있을 것입니다.

하지만 이러면 실패하기 쉽습니다. 미리 평균 수면 시간과 전날의 식사 시간, 그리고 아침에 일찍 눈을 뜨기 위한 다양한 수단을 연구해서 새로운 생활을 설계해야 합니다.

필요한 평균 수면 시간은 사람에 따라 6~8시간 정도이며, 그 외의 수면의 질과 활동량은 웨어러블wearable 몸에 착용할 수 있는 장치를 말한다—역주 기기를 이용해서 데이터를 파악해둡시다.

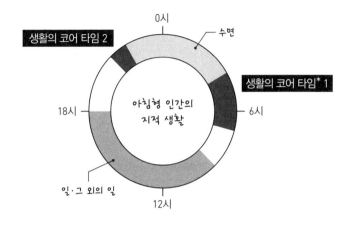

0시

수면

생활의 코어 타임 2

생활의 코어 타임* 1

18시

아침형 인간의
지적 생활

6시

일·그 외의 일

12시

또한 체내 시계는 식사와 소화의 시간에 따라 커다란 영향을 받는다고 하니 아침 일찍 일어날 수 없을 때는 전날 저녁식사 시간을 조정할 필요가 있습니다. 이와 함께 아침에 일어나기 위한 수단으로 고려해볼 만한 가전제품 중에는 자동적으로 방이 밝아지고 공기를 조절하는 장치도 있으니 사용하면 도움이 될 것입니다.

* 코어 타임Core time ： 지적 생활을 유지하기 위해 반드시 지적 활동에 집중해야 하는 시간대이다.

28.
저녁형 인간의
지적 생활

"나는 올빼미형 인간이다. 아침에는 운동을 하고 오전 9시에는 사무실에 도착해서 오후 6시 반까지 일을 한다. 그리고 집으로 돌아와 가족과 저녁식사를 하며 함께 시간을 보내다가 8시 반에는 아이들을 재운다. 그리고 11시 반까지 서류정리를 마친다. 자기 전에 30분가량 책을 읽고, 12시 반쯤 잠자리에 든다. 가끔은 더 늦게 자기도 한다."

오바마 전 미국 대통령이 취임한 지 약 1년이 지났을 때 인터뷰에서 한 말입니다. 세계에서 가장 바쁜 일정을 소화하고 있어도 어딘가 평온하고 고독을 즐기는 여유가 느껴지는 것은 저녁형 인간의 생활 방식 덕분인지도 모릅니다.

저녁형 인간의
24시간

지적 생활의 시간을 한 덩어리로 확보하는 데는 크게 저녁형과 아침형 두 종류가 있습니다. 이 두 가지 유형은 어느 정도 선택이 가능하지만, 체내 시계는 연령이나 그 사람의 성질과 관련이 있기 때문에 의지력만으로는 바꿀 수 없습니다.

자신이 어느 쪽인가 하는 문제는 양쪽을 모두 시험해보고 가장 습관화하기 쉬운 쪽을 고르면 됩니다. 우선 두 가지를 나누는 가장 큰 요소는 저녁이 되면 집중력이 흩어지는지의 여부입니다.

2009년 벨기에 리에주 대학의 연구자들이 극단적 아침형 인간과 저녁형 인간을 비교한 결과, 저녁형 인간은 아침에 일어나서 10시간 이상이 지나도 집중력이나 판단력이 흐트러지지 않는데 반해 아침형 인간은 일정한 시간이 지나면 뇌 활동이 저하된다는 사실을 밝혀냈습니다.

이것은 결국 아침형 인간의 집중력이 정점을 이루는 것은 오전 중이고, 저녁형은 어쩌면 오후 늦게부터 밤까지 집중력이 유지된다는 사실을 말해주는 것입니다.

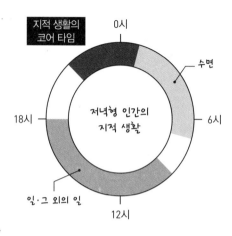

당신도 그간의 경험을 통해 자신의 집중력이 가장 높은 시간대나 저녁 몇 시까지 활동할 수 있는지를 알고 있을 것입니다. 지적 생활의 24시간은 바로 이 점을 고려해서 설계해야 합니다.

지적 생활을 유지하다 보면 효율이 가장 높은 시간, 독서를 하면 책장이 가장 빨리 넘어가는 시간, 하품이 나오기 시작하는 시간이 점차 보이기 시작합니다.

이런 체내 시계가 만드는 집중력의 파도는 의지만으로는 바꾸기 어렵습니다. 오히려 정점인 시간에 자신이 지적 생활을 해나가는 편이 현명합니다.

나의 24시간
시간 활용

나도 저녁형 인간입니다. 아침 7시에 일어나 8시경에 출근해서 저녁 6시 전후까지 사무실에서 일합니다. 그 후 집에 돌아와 식사를 하고, 아이들을 재우는 9시까지 가족들과 이런저런 이야기를 나누며 함께 지냅니다.

그리고 9시부터 새벽 1시까지 나만의 지적 생활에 집중하는 시간을 갖습니다. 이 4시간 사이에 미국의 아침 뉴스를 보고 독서나 집필을 하는 등 일련의 일들을 합니다.

내가 저녁형 생활을 좋아하는 이유는 성격 때문이기도 합니다. 원고를 집필할 때, 독서를 즐길 때, 모두가 잠을 자고 있는 조용한 시간이 되어야 마음이 차분해집니다.

마쓰오카 세이고는 《독서의 신》에서 '독서는 밤에 뿌리를 내린다'고 표현했는데, 나는 소음이 사라져서 나만의 생각이 방해받지 않고 펼쳐질 수 있는 시간이야말로 뭔가 할 수 있을 것처럼 생각됩니다. 마치 날개를 펴는 듯한 느낌입니다.

저녁형 인간이
주의할 점

저녁형 생활의 계획을 세울 때 주의해야 할 점은 당연히 수면 시간의 확보입니다. 그냥 두면 오전 2시나 3시까지도 문제없이 깨어 있을 수 있는 저녁형 인간에게 언제 수면 시간의 시작을 구분지어야 하는지는 무척 중요합니다.

수면 시간이 짧은 상태가 장시간 지속되면 결국은 낮 시간의 효율이 떨어지고, 몸이 아플 위험도 높아져서 장기적인 지적 생활을 위해서는 바람직하지 않습니다.

예전에 영국에서 수면 시간과 관계없이 저녁형 인간이 사망 위험이나 심리적인 질환의 가능성이 높다는 연구 결과를 보았습니다. 모든 것이 지나치면 부족한 것과 다름없다는 뜻입니다.

수면 시간의 한계 라인과 커피를 비롯해서 카페인이 들어간 음료를 마실 마지막 시간을 정해두는 것처럼 저녁형 생활의 폭주를 막을 세세한 설계를 짜는 일도 장기적으로 볼 때 중요한 사항입니다.

29.
월수입의 5퍼센트를
지적 투자로 돌려라

지적 활동을 말하는 책들 중에서 돈 문제를 정면으로 다룬 것은 그리 많지 않습니다. 게다가 지적 활동을 돈에 연연하지 않는 금욕적인 습관으로 여기는 경우도 많아 돈 이야기를 꺼내면 화를 내는 사람도 적지 않습니다.

심지어 돈 문제를 꺼내는 게 천박하다며 아예 말을 막는 사람도 있을 정도입니다. 하지만 지적 생활에 돈이 드는 것은 엄연한 사실입니다. 책, 음악, 영화를 보고 듣는 일에도 돈이 들고 예술 창작에서 취재 여행에 이르기까지 경비가 들어가지 않는 것이 없습니다.

젊은 시절
나의 돈 쓰기

와타나베 쇼이치는 《지적 생활의 발견》에서 자신이 구입한 책으로 도서관을 만들면서 책을 보는 안목이 생겼다고 언급합니다. 사람은 자기가 벌어들인 돈을 써봐야 판단력이 확실하게 향상된다고 쓰기도 했습니다.

이 가르침을 따라, 나는 학생 시절부터 지적 활동을 위해서라면 무턱대고 돈을 쓰는 습관을 지켜왔습니다. 그러다 보니 부작용이 생겼습니다. 책을 구입하는 데 돈을 너무 많이 써서 월말이 되면 밥을 사먹을 돈이 없을 정도였습니다.

백화점의 식료품 무료 시식 코너에서 약간의 공복감만을 달래야 했지만, 그럼에도 불구하고 다시 얼마의 돈이 생기면 서점으로 달려가는 일이 한두 번이 아니었습니다. 지적 생활에는 어딘가 이렇게 정신이 나간 구석이 있는지도 모르겠습니다.

하지만 젊은 시절의 이런 극단적 투자야말로 나의 지적 생활을 유지하는 배경이 되었습니다. 그와 함께 나는 만용에 가까운 그러한 습관으로 두 가지 효과가 나타난다는 사실을 알게 되었습니다. 그것은 이렇습니다.

"첫째, 보다 빨리 지적인 축적이 시작된다. 둘째, 젊은 시절에 실패의 경험을 쌓으면 나중에 실생활에 활용할 수 있는 선구안이 생긴다."

수입의 5퍼센트를
장기적인 지적 투자로

저축이나 투자는 평소에 일정액을 착실히 모아둠으로써 훗날의 경제적 안정을 위한 설계와 장기적인 이익을 최대한 늘리기 위해 하는 것입니다.

이런 생각은 지적인 축적에도 그대로 적용할 수 있습니다. 책을 구입하기 위한 지출, 영화나 음악을 위한 지출, 심지어 오락을 위한 지출까지도 낭비한다고 생각하지 말고 자신의 성장에 빠질 수 없는 장기적인 투자라고 생각해야 합니다.

그러기 위해 의식적으로 매달 일정액의 예산을 나눠서 모아두고, 최소한의 지적 투자를 해나가야 합니다. 일정액을 나눠서 비축하는 것은, 그 예산 범위 안이라면 과감하게 지출해도 좋다는 자유로움을 자신에게 선물하는 일이기도 하고, 그 금액까지는 반드시 어떤 지적인 투자를 찾아야 한다는 의무감을 갖게 하려는 방법이기도 합니다.

예를 들어 월수입이 300만 원이라고 치고, 5퍼센트를 지적인 축적을 위해 사용하면 한 달에 15만 원, 1년이면 180만 원이 됩니다. 책을 위한 지출은 종류에 따라 차이가 크지만 만일 10,000원이라고 하면 연간 구입 권수는 180권, 일주일에 평균 3. 4권이라는 수치가 나옵니다.

지적인 투자로 생각할 때 이것은 큰 금액일까요, 적은 금액일까요? 당신이 설계하고 있는 지적인 투자의 속도에 따라 8퍼센트, 또는 10퍼센트가 될지도 모릅니다.

물론 수입과 생활비의 지출에서 역으로 계산하다 보면, 더욱 적은 금액으로 시작해야 할 수도 있습니다. 하지만 일

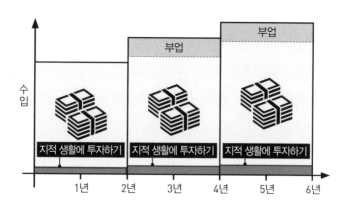

단 무리하지 않는 범위 내에서 지적 투자 금액을 정하고 매달 자신이 그것을 지킬 수 있도록 계속 독려합시다. 할 수 있는 한 착실하게, 되도록 빨리 시작해서 지적인 축적을 위한 도서관을 만들면 머지않아 그런 축적이 당신에게 도움의 손길을 뻗을 날이 올 것입니다.

10년의
지적 투자

매달 일정액을 지적 투자로 돌리는 것은 돈이 조금 더 생기면 지적 투자를 하자는 '게으른 생각'을 방지하기 위한 것입니다. 돈의 장기적인 투자와 마찬가지로 나중에 '10년 전부터 투자했으면 좋았을 것을!'이라고 해봤자 잃어버린 기회는 다시 오지 않습니다.

앞서 살핀 사례에서 5퍼센트의 지적 투자를 5년 동안 계속하는 사람은 900권의 책을 소유합니다. 10년이면 1800권입니다. 도중에 수입이 조금이라도 늘면 그 이상으로 책도 많이 늘어날 것입니다. 이렇게 된다면 매우 훌륭한 도서관이 될 것입니다.

반대로 5년, 10년이 흘러도 지적 투자를 하지 않은 사람이 나중에 갑자기 시작하려면 대략 수천만 원이나 되는 책을 살 돈도 없거니와 그것을 읽을 시간을 확보하기도 불가능할 것입니다.

　아직 수입이 적어서 지적인 축적을 위해 투자할 수 있는 돈이 적다고 말하는 사람도 있을지 모릅니다. 하지만 지적인 투자는 아무리 적은 액수라도 나중에 하는 것보다 가치가 높은 일입니다.

　현재를 즐기며 미래의 지적인 축적에도 기대를 가질 수 있는 일이니 아무리 적은 돈이라도 되도록 빠른 시일 내에 시작하기를 권합니다.

30

지적 활동을 유지하는
부업 추천

본업의 수입 일부를 떼어서 지적 투자에 드는 돈을 충당하기란 현실적으로 상당히 어려운 게 사실입니다. 또한 평소 생활의 부침에 따라 자신의 지적 생활 지출을 일정하게 유지하기가 곤란할 수도 있습니다.

그래서 본업과 병행한 부업, 서양에서 '사이드 허슬Side hustle'이라 부르는 라이프 스타일을 생각해볼 필요가 있습니다. 사이드 허슬이란 회사 밖에서 개인의 성장을 도모하는 별도의 프로젝트를 진행하는 것을 말합니다.

부업이라면 본업에서 벌어들인 수입에 보충하기 위해 이차적으로 갖는 일이라는 생각이 강해서 부정적인 인상을 갖고 있는 사람들도 많을 것입니다. 직종에 따라 처음부터 부업이 금지된 경우도 있습니다.

그러나 여기서 말하려는 사이드 허슬은 부단한 노력 끝에 자유 시간을 줄이고 수입을 늘리는 차원의 것이 아닙니다. 그보다는 이미 가지고 있는 기술이나 정보를 활용해서 그것이 수입으로 이어지는 것을 가리킵니다.

지적 생활의 문맥으로 말하자면, 당신의 지적 축적을 위한 활동 일부를 유지하게 해주는 수입원으로 '지적인 부업'이라고 해도 좋을 것입니다.

사이드 허슬의
사례

미국의 블로거인 크리스 길아보Chris Guillebeau는《100달러로 세상에 뛰어들어라The $100 Startup》라는 책에서, 자신이 가진 기술이나 지식을 소자본 창업으로 활용해서 수입원으로 삼으라고 강조합니다.

가령 사진 기술을 가진 사람이 친구나 지인을 위해 가족 사진을 찍어주거나 프로그래밍 기술을 가진 사람이 온라인

강의를 하는 것처럼, 본업으로 삼기에는 곤란하지만 부업으로 작게 해볼 수 있는 것은 여러 가지가 있습니다.

- 수공예나 예술 작품 만들기가 취미라면 관련 사이트에서 직접 만든 제품들을 판매한다.
- 여행 경험이 풍부한 사람이라면 여행 안내 책자를 쓰거나 외국에서 만일의 상황에 대비할 수 있는 법을 정리하는 등 콘텐츠를 만들어 판매한다.
- 특정한 주제에 해박하다면 블로그나 팟캐스트를 만들어 스폰서를 모집한다.
- 자신의 지적인 축적을 기반으로 컨설팅을 하고 책을 집필한다.

이런 활동은 당신의 지적인 축적의 기술을 활용해서 소자본 창업을 할 수 있도록 하고, 나아가 지적인 축적에 더욱 투자할 수 있게 합니다.

부업은 지적 생활을 단순한 취미에서 소규모의 기업가의 발상으로 전환해주는 이점도 있습니다. 그것은 지적 소비를 지적 생활로 발전시키는 사고방식과 일치합니다.

어차피 정보 발신을 한다면 독자들에게 무료로 읽게 해도 상관없는 것, 싣고 싶다고 생각한 매체에 투고하는 것, 자신이 만든 작품을 판매하는 것, 블로그 기사를 책으로 엮을 것 등 여러 형태로 발신을 생각할 수 있습니다.

나 또한 블로그, SNS, 유튜브, 인터넷 매체, 책 등에서 만든 정보는 목적과 독자 대상이 다르기에, 각각의 정보 발신 방법에 따라 차별화해서 보관하고 있습니다. 물론 여기에는 나 자신을 1인 미디어라고 생각하는 기업가 정신이 항상 들어 있습니다.

나의 소자본
부업

그렇다면 이번에는 나의 부업 구성을 소개할까 합니다. 처음부터 그런 것은 아니지만, 나는 10년 이상 활동을 이어온 덕분에 막대한 양의 책이나 전자기기를 구입하는 데 필요한 자금을 다양한 블로그 활동으로 충당할 수 있었습니다. 아래의 항목들이 모두 나의 수입원입니다.

- 블로그에 책이나 제품을 소개하고 얻는 제휴 마케팅 수익
- 가치 있는 상품이나 서비스에 대한 광고 기사 집필

- 잡지나 인터넷 매체에 투고
- 의뢰받은 강연이나 행사에 참여
- 앱의 일본어 번역 보조
- 책의 집필 활동

여기서 주목할 점은 책의 판매를 제외하면 독자들에게 이런 부업은 거의 부업으로 보이지 않는다는 것입니다. 블로그의 인기를 통해서 얻은 명성, 즉 '이 사람은 이런 화젯거리에 대해 쓸 것 같다'고 예상하는 미디어들의 주문 덕분에 집필 기회가 늘었는데, 그런 기사에 독자가 돈을 지불하는 경우는 거의 없습니다.

독자는 무료로 기사를 읽고, 나는 매체로부터 돈을 받으면서 일할 기회를 얻고, 모두에게 이점이 있는 상황입니다. 그런 일은 처음에는 누군가에게 선물을 주듯이 돈을 받지 않고 정보를 발신한 일로부터 시작된 것입니다. 내가 좋아서 정보를 발신한 결과 수입까지 생긴다면 그것만큼 감사한 일이 또 있을까 싶습니다.

수단과 목적을
반대로 두어선 안 된다

이런 부업은 지적 생활을 유지하기 위한 수단이지 목적이 될 수는 없다는 점에 유의해야 합니다. 수입 그 자체를 목적으로 하는 게 나쁜 건 아니지만, 그것이 지적 생활과 반드시 잘 어울린다고 볼 수는 없기 때문입니다.

가령 책이나 제품을 소개해서 얻는 제휴 마케팅 수입은 정말 소개하고 싶은 책이나 제품이 있을 때만 의미가 있는 것이지 반대로 '기업으로부터 많은 돈을 받을 수 있는 제품을 선택해서 기사를 쓰자', '이 주제를 소개하면 조회 수가 늘 테니 수입도 늘겠지' 하는 생각으로 임하면 수단이 목적으로 바뀌어버립니다. 그것은 기업의 입맛에만 맞을 뿐, 본인에게는 황폐한 지적 생활의 황무지가 기다릴 것입니다.

더구나 당신의 지적 생산을 지켜보던 독자는 그것에 아주 민감하게 반응하여 '저 사람은 타락해버렸구나'라는 소문을 낼 수도 있습니다. 이런 경우를 지금껏 많이 봤습니다. 그러니 먼저 지적인 축적에 열정을 쏟기 바랍니다. 그리고 그 결과를 누군가에게 선물처럼 발신했던 처음의 마음자세를 잃지 않도록 각별히 주의합시다.

31.
지적 축적을 통해
나만의 작품을 만든다

어느 정도의 지적 축적이 이루어지면, 나만의 생산품을 만들어 판매를 시도해봅시다. 세상에는 기존의 상업 출판이나 매체에서 비용이 맞지 않는다는 이유로 포기한 정보가 아주 많습니다.

당신에게는 지극히 상식적인 정보라도 그 분야에 익숙하지 않은 사람이 당신의 수준까지 정보를 모으고 선택하기까지는 막대한 수고와 시간이 걸릴지도 모릅니다. 그럴 때 바로 당신만의 생산품이 역할을 하게 됩니다.

예를 들어 내 친구는 도쿄 야마노테선山手線의 여러 역들 중에 역사 내에서 생맥주를 마실 수 있는 가게가 있는 역과 그 가게의 영업 시간과 지도를 정리해서 1년에 한 번 인터넷을 통해 판매합니다.

요즘 세상은 어떤 정보라도 검색만 하면 전부 발견될 수 있는 것처럼 보이지만, 의외로 '역사 안에서'라는 정보는 발품을 팔아 직접 조사해야만 얻을 수 있는 것입니다. 그런 틈새에는 나름의 가치가 있고, 이것을 잘 가공하면 돈이 된다는 얘기입니다.

당신이 흥미를 갖고 있는 분야나 열심히 수집하고 있는 정보가 그런 가치가 있다고 생각되면, 다른 사람들이 조사하는 수고를 더는 의미에서 하나의 상품으로 만들어 보십시오. 그 상품은 그것대로 세상에 이익을 주는 의미 있는 무언가가 될 것입니다.

생산품을 만드는 의미

지적인 축적을 통해 일정한 시기마다 자기만의 생산품을 창출하는 것은 활동 자금을 얻는 것 외에도 여러 의미가 있습니다.

그 하나는 내 안에 있는 정보를 때맞춰 정리할 수 있다는 점입니다. 가령 10페이지 정도의 전자책이라도 정보를 정리하려고 들면 부족한 부분이나 조사가 필요한 사항이 보입니다. 정기적으로 생산품을 만들다 보면 그런 부족분을 보충하고, 지적 축적의 방향성을 재확인할 수 있습니다.

다른 하나는 마케팅에 관한 공부가 된다는 점입니다. 마케팅은 기업의 이야기라는 인식이 강하지만, 실제로 마케팅이란 한 권의 작은 책이 우리의 손으로 오기까지의 세부적인 과정들을 설계하고 결정하는 일입니다.

무슨 얘기냐 하면, 독자소비자의 선택을 받기 위해 어떤 색상이나 형태를 가질 것인지 고민해서 그것을 상품에 실제로 적용하는 과정이 마케팅의 핵심이라는 것입니다.

단순한 데이터 나열을 생산품으로 만들면 대다수의 사람들이 이해하기 어려울 것입니다. 그러나 어떻게 편집해서 어떻게 홍보해야 소비자의 반응을 이끌어낼 수 있을지를 알면, 나만의 데이터에 애착을 표현하는 일이 점차 능숙해질 것입니다.

생산품 만들기는 정보 발신에 필요한 기술들을 배우는 일과도 연관되어 있습니다. 저작권에 대한 이해, 가격 결정의 어려움, 유통 판매의 장애물 등 한 권의 책이 나올 정도로 알아두고 염두해야 하는 문제들이 가득합니다.

그런 모든 것을 극복하고 세상에 내놓은 나만의 생산품이 누군가의 손에 도달한다고 생각해보십시오. 그것만으로도 최고의 기쁨이 될 것입니다.

나만의 지적 축적에 대한 애착을 누군가에게 들려주고 싶다는 꿈을 이룰 수 있는 하나의 방법이 생산품 만들기이니, 당신도 지금부터 당당하게 도전해보기 바랍니다.

COLUMN 05

작은 발상이 하나의 생산품으로
발전되는 과정

전자책은 요즘 시대이기 때문에 만들 수 있는 여러 생산품 중의 하나입니다. 예를 들어 변호사가 본업인 블로거 데이비드 스팍스David Sparks는 애플의 매킨토시 운영체계인 'Mac OS'의 생산성 향상 앱에 관한 흥미가 생겨서 초심자용 조작법이나 비법을 소개하는 동영상 시리즈를 만들었습니다.

시간상으로 보면 5~8분 정도의 짧은 동영상인데, 그것이 30~40개가 되면 약 25달러의 값을 매겨서 자신의 사이트에서 판매하고 있습니다.

이용자는 시행착오를 거치지 않고도 저렴한 가격에, 그리고 2~3시간 안에 앱을 다루게 되니 여러모로 이득을 보는 셈입니다. 이런 식으로 만들어진 생산품의 실제 사례는 아래와 같습니다.

- 내가 사는 동네를 조사해서 관광 안내서를 제작하고 판매한다.

- 어떤 대상물을 촬영한 사진이나 동영상에다 촬영법 노하우를 정리해서 소책자로 판매한다.
- 어떤 단어나 문장을 개성 있게 디자인해서 판매한다.
- 자기가 그린 그림을 스마트폰 케이스나 포스터, 벽지 등의 형 태로 가공해서 판매한다.

여기서 중요한 것은 무엇으로 돈을 벌 수 있을지 골몰하 기보다 심도 있게 뭔가를 파고들어 남다른 지식을 갖거나, 지적 생활이라는 본래 목적에 따라 자신의 행위가 거기에 합당한지를 잘 검토하라는 것입니다.

어떤 유형의 지적 축적이라도 작은 발상만으로 누군가에 게 가치를 갖게 하는 생산품이 되니, 착실하게 자기만의 세 계를 구축해나가기 바랍니다.

32.
조나단 콜튼의
위대한 매너리즘

지적 생활을 비즈니스와 융합시킨 예로 독특한 뮤지션인 미국의 싱어송라이터 조나단 콜튼Jonathan Coulton을 소개할까 합니다. 그의 음악은 프로그래머의 일상적 애환이나 프랑스의 저명한 수학자인 브누아 망델브로Benoît Mandelbrot 교수를 향한 찬가 등 이과계의 이단아를 위한 것들이 다수 포함되어 있습니다.

가수생활 초기에는 그 당시 유행하던 음악에 집착한 그였지만, 노선을 바꾼 것은 일주일에 한 차례씩 반드시 신곡을 녹음해서 공개하는 'Song a Week'를 1년 동안 계속하면서부터입니다.

일주일에 한 번씩 새로운 음악을 작곡한 후에 편곡하고 녹음까지 해서 정해진 시간까지 인터넷에 올리는 일을 1년 내내 지속한다는 것은 매우 힘든 작업입니다.

　　그는 자신이 갖고 있던 음악의 저장고가 비어가도 유행을 따르겠다는 생각을 하지 않았습니다. 그는 새로운 것보다는 자신에게 가장 익숙한 스타일로, 가장 작곡하기 쉬운 패턴에 매달리기로 했고 그 일을 지속적으로 반복하자 기묘한 일이 벌어졌습니다. 그런 매너리즘을 받아들인 결과, 팬이 급격히 늘어난 것입니다.

　　나중에 'Song a Week'의 시기를 회상하는 조나단은 일주일에 한 번이라는 가혹하고 강제적인 생산 덕분에 자기만의 스타일이 확립되었다고 말했습니다. 일주일에 한 번이라는 패턴이 쓸데없는 편곡을 하거나 유행에 빌붙는 만용을 없애준 결과, 반대로 자신만의 개성적인 스타일을 이끌어내는 계기가 된 것입니다.

　　또한 그는 대부분의 곡을 무료로 청취하도록 공개하고, 마음에 든 사람은 따로 구입할 수 있도록 1곡에 1달러라는 파격적인 가격으로 판매를 했습니다.

　　그는 남들이 생각하지 못한 부분에 착안한 음악가로, 자신의 작품을 적극적으로 공개하고 청취와 구입을 하는 데

장애가 없도록 몸을 낮추는 전략을 썼습니다. 결국 이런 전략이 세상 사람들이 그의 음악을 발견했을 때 폭발적인 유행을 이끈 도화선 역할을 했던 것입니다.

위대한 매너리즘을
지속한다

조나단은 운이 좋았다고 할 수 있습니다. 프로그래머로서의 과거와 음유시인 같은 음악을 향한 애착이 시대에 맞아 떨어졌기에 그만의 독특한 개성이 크게 주목을 받았던 것입니다. 하지만 조나단만큼은 아니더라도 세상이 구하는 단골 소재는 어디에나 있습니다. 누군가만이 쓸 수 있는 단편 소설, 만들 수 있는 그림, 모형 작품처럼 개성 가득한 콘텐츠와 미디어가 만나는 순간, 제2, 제3의 위대한 매너리즘이 생겨날 수 있습니다.

만일 당신의 지적 생활이 그런 광맥과 맞닿는다면 거기에 커다란 기회가 있습니다. 당신이 즐겁게 반복했던 생산의 패턴이 세상 사람들이 구하는 상품이 될 것입니다.

05

지적 생활을 위한 개인 공간을 만들어라

내가 나로 지낼 수 있는 공간으로서의 '서재'를 만들어
시간을 두고 내 취향에 맞게 발전시켜 나갑시다.

33.
개인적 공간인
서재가 필요하다

20세기를 대표하는 영국의 모더니즘 작가 버지니아 울프 Virginia Woolf는 페미니스트 비평의 명작인 《자기만의 방 A Room of One's Own》에서 이렇게 말합니다.

"여성이 소설을 쓰려고 한다면 돈과 자기만의 방을 가져야 한다."

여기서 돈은 경제적인 자립을 의미합니다. 이 책의 뿌리가 된 강연이 행해진 1928년은, 그 시점에서 50년 전에야 기혼 여성의 사적인 재산이 인정되어 여성의 경제적인 자립이 현실적으로 거론되기 시작한 시기였습니다.

'자기만의 방'은 돌봐줘야 할 아이나 남편이라는 현실적이고 상징적인 장애로부터 해방되어 자신만의 개인적인 일과 직면하면서 사색에 몰입할 수 있는 공간을 뜻합니다.

이는 물론 여성만의 이야기는 아닙니다. 일반적으로 지적인 활동을 지속하면서 축적을 해나가기 위해서는 자기만의 방, 즉 개인적인 공간으로서의 '서재'를 확보하는 일이 필요합니다.

왜 개인적인 공간이 중요한가 (1)
– 축적

서재가 중요한 이유 중 하나는 지적 생활의 축적을 위해 물리적인 공간이 필요하기 때문입니다. 막대한 자료를 가지고 공부해야 하는 사람이라면 서적을 보관하기 위한 최소한의 공간이 필요합니다. 그것이 영화 DVD든, 음악 CD든 다른 것들도 마찬가지입니다.

심지어 인터넷에서 정보를 모아 클라우드에 보관하는 사람도, 컴퓨터나 책상은 필요합니다. 따라서 자신만의 지적 생활의 유형에 맞게 '서재의 설계'를 생각해야 합니다.

와타나베 쇼이치는《지적 생활의 발견》에서 크든 작든 자기만의 도서관을 갖는 것이 지적 생활을 유지하는 지름길이라고 거듭 강조합니다.

지금은 모든 정보를 검색할 수 있는 시대지만 서재에 보관된 것은 자신이 직접 접한 뒤에 선택해둔 세상 어디에서도 검색할 수 없는 집합체입니다. 정보를 수집해서 소유하는 것은, 그 정보를 통해 개성을 창출하는 일이기도 합니다.

왜 개인적인 공간이 중요한가 (2)
– 지적 자유

서재가 필요한 또 다른 이유는 버지니아 울프가 말하는 '지적 자유'를 만끽하기 위해서입니다. 작가 기다 쥰이치로紀田順一郎는 《서재생활기술書斎生活術》에서 하루 일을 마치고 돌아와 어제 읽었던 책이 펼쳐진 채로 놓인 걸 보면 '온전한 나로 돌아가는 순간'이 왔다는 것을 느낀다고 했습니다.

"모든 장소에서 안식을 구했지만 그것을 얻지는 못했다. 방의 한 구석에 책과 함께 있을 때를 제외하고는."

독일 사상가 토마스 아 켐피스Thomas A Kempis가 남긴 말이라고 알려진 이 문구도 서재라는 장소성과 책이 전해주는 편안함에 대해 다시 생각하게 합니다.

그만큼 서재라는 장소가 있기에 일상적인 생활에서 지적인 생활로 옮겨올 수 있는 스위치가 켜지는 것입니다. 그곳에서는 회사나 사회생활에서 요구하는 모습과는 전혀 다른 본래의 나로 돌아오는 시간을 얻을 수 있습니다.

서재라는 공간은 지적인 탐험의 장소이기도 합니다. 창작자들은 작품을 만드는 방이나 공방을 가리켜 '은신처', 또는 '동굴'이라고 흔히 표현하는데, 그것은 마치 자신을 미래의 어느 날로 던졌던 사람이 모험 끝에 성과물을 가지고 돌아오는 듯한 인상을 줍니다. 서재는 이미 알고 있는 것을 보관해두는 장소가 아닌, 이제부터 발견할 것들이 숨겨져 있는 공간으로도 존재하기 때문입니다.

나만의
서재

어떤 사람은 서재라는 말에 불편함을 느낄지도 모릅니다. 이 말에는 유명 작가가 소유하고 있을 것 같은 거대한 도서관이나 수집품이 가득한 방과 같은 과장된 분위기가 도사리고 있기 때문입니다.

　그러나 사진이나 이야기에서 볼 수 있는 완벽한 서재의 모습은 그 작가나 예술가가 일생에 걸쳐 만든 최종적인 완성품이라는 사실을 주목해야 합니다.

　일반적인 주택에서 생활하면서 소소한 형태의 지적 생활을 하려는 우리들은 책 한 권, 작은 책상 하나에서 시작해서 서서히 성장하는 서재를 추구하는 게 좋겠습니다.

　나의 경우에는 취미생활과 거기서 파생되는 집필이라는 작업을 위해 4평 정도의 방에 책장과 책상을 놓고, 여기에 약 3000권의 책을 언제든 꺼내볼 수 있는 공간으로 서재를 만들었습니다.

　하지만 처음부터 이런 모습은 아니었습니다. 나의 첫 서재는 대학 시절에 세트로 싸게 구입한 책상과 책장, 그리고 책의 무게에 휘어진 몇 개의 상자들로 시작되었습니다. 결혼할 때는 두 개의 책장을 더 사서 그간 모아온 것들을 1.5평의 방에 욱여넣고 지낼 때도 있었습니다.

　그 후 두 차례 이사를 하면서 점차 나만의 장소를 넓혀가기 시작했습니다. 개인적 공간으로 서재를 만들고 싶다고 생각했을 때 우선은 작지만 설계 가능한 범위에서 시작할 것과, 10년 후의 목표를 꿈으로 그리며 공간에 투자할 것을

저자의 현재 서재 모습. 저자가 약 20년 동안 축적한 결과물이라는 점에 주목하며 살펴보자.

원칙으로 삼았습니다.

물론 보통 사람의 웬만한 형편으로는 집안에 서재용 방을 따로 확보하기는 쉽지 않습니다. 이런 사람이야말로 일단 기본에 충실해야 합니다. 처음에는 책장 하나에 퇴근하고 돌아와 어제 읽었던 책이 그대로 놓인 작은 책상만 있어도 상관없습니다. 몽테뉴는《수상록》에서 이렇게 적었습니다.

"온전히 자기 자신만의, 완전히 자유로운 방을 하나 얻어놓고 혼자만의 진정한 자유와 유일한 은둔과 고독을 만들어

낼 수 있어야 한다."

'이곳은 나의 공간이다!'라고 단언할 수 있는 곳을 한 구석에라도 만들어놓고 일단 깃발을 꽂고 나면 그때부터 나의 서재 여행은 시작되는 것입니다.

34.
디지털과 아날로그가
균형을 이룬 서재

일본 유명 블로거 이시타니 마사키는 《새로운 서재ぁたらしい書齋》에서 디지털 기술의 새 바람을 적극적으로 받아들인 '열린 서재'를 제창합니다.

디지털화해야 할 것은 디지털화해서 물리적인 공간을 줄이고, 정보 입수와 발신도 인터넷을 통하도록 노력하면서 서재가 세상을 향해 열리기를 추구하는 것입니다.

전자책을 읽는 독자들이 늘어나고 있고 이미 전자화한 매체도 많아진 요즘, 이런 발상은 당연한 것처럼 생각될 지도 모르겠습니다. 하지만 실제로 아날로그 서재와 디지털 서재의 균형, 그 장기적인 성장이라는 관점으로 서재를 설계하는 사람은 그렇게 많지 않습니다.

이제부터는 아날로그와 디지털화가 혼합된 서재의 실제 용량이나 유지하는 데 필요한 지침에 관해 정리하려고 합니다. 서재라고 부를 만한 공간이 없는 사람은 물론 이미 어떤 지적 공간을 가진 사람에게도 서재를 하이브리드 형으로 만들어가는 데 도움을 줄 것입니다.

전자책의 구입 비율과
전자화의 비율

당신이 독서를 중심으로 지적인 축적을 목표한다면 어떤 종류의 콘텐츠와 수납 방법의 조합이 있을까요? 우선 책장에 수납한 물리적인 책이 있습니다. 아직은 모든 책이 디지털화되어 있지 않아서 자료로서 눈앞에 펼쳐둘 수 있는 종이책의 우선순위를 간단히 내려놓을 수는 없습니다.

나는 마음에 드는 자료만큼은 반드시 종이로 보관하고, 이용 빈도가 높으면 디지털화된 것을 구입하는 경우가 많습니다. 권수가 많은 책이나 신간 서적 등은 계속 늘어나 책장을 금방 점유해버리기 때문에 되도록 전자책으로 모아둡니다.

또한 외국 도서도 똑같이 아마존의 오더블^{Audible} 서비스를 이용해서 오디오북으로 읽고 있습니다. 여기에 종이책으로 구입했지만 보관할 공간이 부족해져 낱장을 스캔해서 디지털화한 자료들이 더해집니다.

이쯤에서 머릿속에 계산해둬야 할 것이 종이책의 수에 대한 전자책의 비율입니다. 예를 들어 일주일에 5권 안팎의 책을 구입하는 사람은 1년으로 치면 260권, 5년이면 1300권의 비율로 책이 늘어갑니다.

이것을 '고민되는 것은 되도록 전자책으로 마련한다', '5권 중에 3권은 전자책으로 구입한다'는 방침을 세우면 연간 260권이 약 104권의 종이책과 156권의 전자책의 배합으로 이뤄질 것입니다. 더욱이 종이책의 일부를 앞서 말한 스캔을 이용해서 디지털화하는 원칙을 만들어두면 종이책의 증가 정도를 조절할 수 있습니다.

여기에서 변수가 되는 것은 '일주일에 5권'이라는 부분과 전자책으로 구입하는 비율, 그리고 종이책을 스캔해서 디지털화하는 비율입니다. 그 수치를 조절해서 나만의 자유로운 공간과 구입 권수를 비교해봅시다.

극단적인 예지만, 가령 일주일 동안 구입하는 책을 10권으로 잡고, 절반 정도를 전자책으로 구입하고 종이책을 디

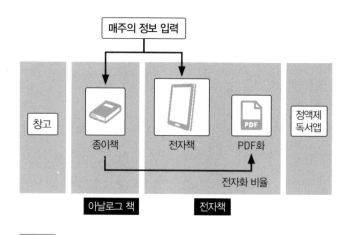

아날로그와 디지털화가 혼합된 서재를 유지하고 정리하는 데 필요한 핵심 요소들이다.

지털화하는 비율을 75퍼센트까지 할 수 있다면 연간 물리적인 책의 증가 수는 65권으로 멈출 수 있습니다.

나는 여기서 훌륭한 책들과의 만남을 딱딱한 숫자로 바꿨지만, 이것은 보관할 장소가 없어서 사는 것을 포기하기 전에 '이런 비율이라면 일주일에 몇 권까지는 괜찮다'라는 계산을 추정하기 위한 방식으로도 활용합니다. 장소는 한정되어 있지만 정보의 흐름을 억제하지 않고 되도록 해방시키는 점에서 이 비율은 매우 중요한 요소입니다.

1만 권의 도서관을
목표로

지금까지 책을 매주 일정한 양으로 구입하고 있다는 것을 전제로 말해왔는데, 보다 중요한 사실은 정보와의 만남을 습관으로 만들어야 한다는 것입니다.

서적만이 아니라 어떤 콘텐츠를 구입할 때 많이 듣는 것이 '이전에 샀던 책을 다 읽지도 않은 상태'라는 통렬한 지적입니다. 이것도 물론 정당한 의견이기는 하지만 지적인 축적이라는 입장에서 보면 그리 옳은 말은 아닙니다.

책과 콘텐츠를 손에 넣는 것은 그 당시 마음에 들었기 때문이거나 어떤 도움이 될지 모른다는 직감이 들어서입니다. 그리고 몇 년이 지나고 보면 그런 직감이 옳았다는 경우도 꽤있습니다.

독서가들 사이에서 '축적'이라고 불리는 이런 수집의 방식은 얼마 전 영국의 BBC 방송에도 소개되어 화제가 되었는데, 그때 기사로 쓰인 것은 'The art of……', 요컨대 '기법'이라는 말이었습니다.

마음에 드는 정보를 항상 일정한 속도로 수집하고 가능한 속도로 그것을 소비해서 축적과 균형에 맞춰 도서관을 장기적으로 천천히 성장시켜 나가는 것은 지적 생활에 필요한 '기법'이라고 해도 좋을 것입니다.

이런 균형을 꾸준히 이룬다면 평범한 방이라도 10~20년에 1만 권의 책을 보유한 도서관으로 만들 수 있다는 이야기는 과장된 것이 아닙니다.

일상생활에서 어떤 속도로 정보와 접촉할 것인지 생각하고 그것을 어떤 형태로 개인적인 공간에 축적할지 전략을 세우는 것은 나만의 도서관을 하나하나 만들어가는 지름길이 될 것입니다.

이제 집안에서 물리적인 공간으로서의 서재로 만드는 경우를 생각해봅시다. 혼자 사는 사람이라면 세를 얻은 집 전체가 그대로 서재가 되겠지만, 가족과 함께 살고 있는 경우라면 방 하나를 이런 목적으로 할당할 필요가 있습니다.

서재의 기능으로 필요한 것은 '저장 공간'과 '작업 공간'입니다. 각자의 지적 생활에 따라 다르겠지만 책, CD, DVD 같은 것을 고려한다면 저장 공간은 책장이 될 테고, 작업 공간은 책상에 해당하며, 공방과 같은 예를 떠올린다면 작업 공간은 작업대가 될 것입니다.

우선은 서재에 어떤 기능을 기대하고 있는지를 생각하고

각각의 비율을 상정해야 합니다. 만약 책을 중심으로 한 서재라면 나중을 생각해서 처음에 되도록 많은 책장을 배치해야 합니다.

'나중에 늘리면 되겠지'라고 생각할 수도 있지만, 그때가 되면 다른 물건이 그 자리를 차지하고 있을 테니 처음부터 되도록 그 방의 저장 공간 용량을 최대한으로 잡아두는 게 유리합니다.

가령 폭이 80센티미터, 또는 120센티미터인 책장을 기본으로 해서 방의 크기에 따라 공간 구성을 한다면 창문이나 문의 위치, 벽장의 유무 등으로 약간의 조절이 필요하겠지만, 2평 정도의 크기라면 책상 하나에 책장을 한두 개 정도를 배치할 수 있습니다.

이런 식으로 책장이 수용할 수 있는 책의 양에 맞춰서 서재의 용량을 확정합시다. 이 부분은 저마다의 형편과 사정이 있을 것이기에 나름의 지혜를 짜내어 구성해보기 바랍니다.

현대의 서재에
필요한 설비들

요즘 서재에는 책상과 책장 이외에 필요한 여러 주변기기들이 있습니다. 컴퓨터는 물론 더위나 추위를 견디며 작업을 해야 하는 최악의 환경을 생각하면 냉방시설도 필요합니다.

여기에 추가로 권하고 싶은 것은 빛이 강한 LED 천장등과 방 한쪽에서 가동할 수 있는 제습기입니다. 서재는 생활의 분위기를 즐기기 위한 방이 아닌, 구석구석까지 밝을 필요가 있는 공간이기에 보통의 방보다도 밝은 빛을 필요로합니다.

또한 제습기는 여름철 서재의 최대의 적인 습기를 제거하고, 공기를 건조시켜 쾌적한 환경을 만드는 데 효과가 있습니다. 장마철부터 몇 개월 동안 제습기와 에어컨을 사용하면 책을 언제나 뽀송뽀송한 상태로 보관할 수 있습니다. 이것도 장기적으로 생각하면 책의 상태를 유지할 수 있는 좋은 투자입니다.

반대로 서류를 보관하기 위한 캐비닛 같은 수납 공간은 과거에는 필요했지만 요즘엔 필요성이 낮아졌습니다. 각종 서류는 디지털화해서 수납하기 때문인데, 그렇게 변환할 수 없는 아날로그 자료들은 창고에 보관해서 쓸데없이 방안의 공간을 차지하지 않도록 합시다.

서재를
공유할 것

하지만 처음부터 이렇게 방 하나를 확보할 수 있을까 하는 문제가 있습니다.

일찍이 지적 생활에 관해 쓴 많은 책들이 가장으로서의 남성, 전업주부로서의 여성이라는 전제를 하고 있습니다. 그런 전제 속에서도 남자가 권위적으로 자기만의 공간을 점유할 수 있는 것은 극히 일부이고, 많은 책에서는 아이들이 쓸 방이나 가족이 공유할 공간을 우선해야 한다고 말합니다.

기다 준이치로의 《서재생활기술》에서는 밤늦도록 일을 하느라 집에 돌아오지 않는 남자가 가족에게 나그네 취급을 당하면서 서재를 차지할 필요가 없는 대상이 된 안타까운 현실을 기술하고 있습니다.

요즘은 맞벌이 부부가 흔해지면서 가장이 서재를 점유하는 것은 낡은 방식이라는 인식이 생겨나기 시작했습니다.

당신에게 개인적인 공간이 필요한 것처럼 배우자도 개인적인 공간이 필요한 시대입니다.

이것을 한 번에 해결하는 마법 같은 방법은 없지만 서재를 공유한다는 개념을 검토할 가치는 있습니다. 서재를 누군가 혼자서 점유하는 장소가 아닌, 가족 모두의 저장 공간으로 이용할 수 있다는 얘기입니다.

물론 이런 경우도 가족 전원이 읽을 만한 책은 거실 같은 공유 공간에 책장을 두고 수납하도록 하고, 서재의 책장은 저마다의 장소를 나누고 불가침의 영역으로 해둘 것을 권합니다. 무엇을 놓을지, 어떻게 배치해야 할지를 포함해서 다른 사람이 불만을 가지는 일이 없도록 하는 게 중요합니다.

책상도 폭이 좁은 것을 두 개 준비해서 상대와 일하는 공

간을 나누거나 낮에는 아이들의 공부방으로 사용하고 밤에는 일을 하는 방으로 이용하는 공유 방식도 생각해볼 필요가 있습니다. 책상 위도 개인적인 공간이기에 책상을 사용하는 사람 수만큼 책상 위에 펼쳐진 책과 서류를 일시적으로 보관할 수 있는 수납 용기를 준비해도 좋습니다.

개인적인 공간을 필요로 하는 가족의 수만큼 방이 있다는 행복한 경우를 제외하면, 어느 정도는 이런 공유와 공존을 고려해서 가족과 서재의 양립을 계획합시다.

36.
방의 일부를
서재로 만드는 경우

방 하나를 통째로 서재로 확보할 수 없는 경우에는 개인적인 공간의 설계를 조금 복합적으로 접근하면 됩니다. 대부분의 집에는 거실처럼 가족 모두가 공유하는 공간이 있으니 우선 그곳에 책장을 확보하고, '이 책장은 나만을 위한 불가침의 영역'이라고 정해둡시다.

그렇게 하면 일단 그곳은 '나만의 방'이 아닌 '나만의 공간'이 되고, 나만의 의지대로 사용하는 일종의 자치권을 확보하는 데 도움이 됩니다.

다음으로 작업 공간이 될 만한 고정적인 위치를 확보하도록 합시다. 작은 책상 하나, 또는 식탁이라는 정해진 장소부터 시작해서 안심하고 지적 활동을 펼칠 수 있는 장소를 모색해나가면 됩니다.

이시타니 마사키는 《새로운 서재あたらしい書斎》에서 작은 책상 하나와 책장 하나를 0.5평의 면적에 놓은 '0.5평 서재'를 제안합니다. 최근에는 다양한 형태의 가구가 많이 나와 있기 때문에 방 한쪽에 이런 개인적인 공간을 마련하기가 생각보다 용이해졌습니다.

이런 곳에서 의외로 공간을 많이 차지하는 것이 의자입니다. 그렇기에 차라리 의자가 없어도 되는 라이팅 뷰로writing bureau. 상판을 열면 지지대가 딸려 나오고 접으면 자동으로 들어가는 테이블—역주를 쓰는 방법도 있습니다.

필요할 때만 의자를 가지고 와서 사용해도 되고, 선 채로 쓸 수 있는 타입도 있어서 좁은 집에서도 공간을 활용하기에 적당합니다.

서서 일을 하다니 그게 될 법한 소리인가 생각할지 모르지만 헤밍웨이나 빅토르 위고 같은 작가도 라이팅 뷰로를 사용하며 선 채로 일을 했다고 알려져 있습니다.

그렇다고 항상 선 채로 일하는 건 아닙니다. 평소에는 가족 공유 공간에서 느긋하게 책을 읽고 필요할 때만 서서 일을 하는 것입니다.

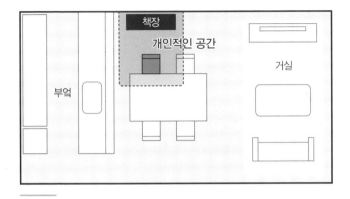

방의 일부를 개인적 공간으로 확보하고 나만의 서재로 활용할 수 있다.

개인적인 공간의 확보는 장소를 놓고 싸우는 가족과의 전쟁이 아니라 자신의 라이프 스타일을 위해 자신에게 맞는 장소를 찾는 여정이라고 해도 좋을 것입니다.

**침대를
이용한다**

지적 생활의 장소로 지나치기 쉬운 것이 침대의 활용입니다. 러시아 출신의 미국 작가인 블라디미르 나보코프Vladimir

Nabokov는 침대 위에서 창작 활동을 한 사람으로 유명합니다.

침실은 비교적 조용하고 침대 위에 있는 사람을 내쫓는 경우도 별로 없으니 좀처럼 방해를 받지 않는다는 큰 장점이 있습니다.

침대 옆에 라이팅 뷰로가 있으면 그곳이 일할 수 있는 공간이 되고, 여기에 벽에 붙여 세울 수 있는 얇은 책장을 배치하면 안성맞춤입니다. 이것도 지적 독립을 위한 하나의 지혜입니다.

물론 이런 수단을 장기간 유지하기는 쉽지 않습니다. 늘어가는 서적이나 수집품을 보관하기도 여의치 않고 넓은 책상에서 해야 하는 일도 있을 것이니 말입니다.

하지만 명심해야 할 사실은 대작가들의 거대한 서재가 전 생애를 걸쳐 축적한 결과물이라는 점입니다. 그들 대부분은 자신의 방이 아닌 곳에서 시작해서 오랜 시간이 흐른 후에야 비로소 자유를 획득했습니다.

우리가 처음부터 단숨에 서재를 확보하지는 못하더라도, 사실 유명 작가들도 처음부터 그렇지 못했다는 점을 알아두면, 마침내 공간이 생겼을 때 가장 유용한 이용법을 정확하게 파악할 수 있을 것입니다.

자유롭기 위해 개인적인 공간을 만드는 것이 아니라 보다

프랑스 파리의 빅토르 위고 기념관에 전시된 것으로 빅토르 위고가 생전에 사용한 라이팅뷰로이다.

큰 자유를 얻기 위해 방의 한 구석에서 방 전체에 이르기까지 시간을 두고 확보해가는 것도 장기적인 지적 생활의 설계입니다.

전자책은
가족과 공유하는 방식으로

집안에서 나만의 공간을 만들기 위해서는 함께 이용하는 공간을 되도록 절약하는 게 중요합니다. 디지털 콘텐츠의 시대인 만큼 가족 전원이 사용할 수 있는 태블릿 컴퓨터 같은 전자기기는 유용한 도구가 됩니다.

요즘엔 시리즈로 출판되는 책들이 많아서 꽤 넓은 공간을 차지하는 경우가 많습니다. 어떤 만화책의 경우는 시리즈가 100권을 상회하기도 해서 물리적 공간으로 감당하기 어려운 지경이 되기도 합니다.

가족 전원이 읽는 책이 있다면 누군가 한 사람이 전자책 플랫폼에 계정을 만들어 그 아이디로 다 함께 책을 읽는 것도 좋은 방법입니다.

그렇게 되면 가족 모두가 좋아하는 수십 권의 만화나 영화를 한 대의 전자기기에 모아놓았기 때문에 공유 공간에서 물리적으로 자리를 차지하지 않게 됩니다. 그렇게 얻은 공간은 가족 구성원 각자의 개인적인 공간으로 확보할 수 있습니다.

단, 아마존처럼 전자책이나 디지털 콘텐츠를 판매하는 서비스는 계정에 따라 콘텐츠 공유를 제한하는 경우가 많아서 이런 운용에는 '이 시리즈는 반드시 가족 계정으로 구입해야 한다'는 조항이 있는지 미리 점검하기 바랍니다.

정보의 축적은 지적 생활을 의식하는 당신만의 문제가 아니라 가족 전체의 문제이기도 합니다. 장소를 절약해서 공간을 공유하면 모두가 보다 많은 자유를 손에 넣을 수 있다는 사실을 잊지 말기 바랍니다.

37.
코워킹스페이스를
유사 서재로 활용하다

이리저리 애를 써 봐도 집에 서재를 확보할 수 없을 때가 있습니다. 또는 집안 형편상 공간은 있어도 시끄러워서 일을 할 수 없는 경우도 많겠지요.

그럴 때에 이용할 수 있는 것이 요즘 정착하기 시작한 '공유하는 일터' 코워킹스페이스co-working space*입니다. 코워킹스페이스 사업을 세계적으로 전개한 위워크WeWork는 이

---

* 일종의 공유 사무실로 다양한 분야의 사람들이 모여 함께 공간을 사용하거나 의견을 나누는 곳이다. 현재 한국에도 '위워크'를 비롯한 여러 코워킹스페이스가 운영되고 있다.

용자가 한 곳을 지정해서 시간을 예약하면 이용할 수 있는 '핫데스크'라는 플랜으로 운영됩니다. 이것을 통해 누구나 24시간 언제라도 공용 공간에서 작업을 할 수 있습니다.

임대 비용은 별도의 독립적인 공간 사용 여부에 따라 다양합니다. 하지만 고속 인터넷망 시설, 커피나 맥주 등의 음료 서비스까지 제공되고 청소와 소모품 교체 등을 해주는 것을 생각하면 작업 공간으로 집을 넓히거나 방을 따로 얻는 것보다 경제적인 면에서 훨씬 유리한 편입니다.

또한 위워크 같은 인기 있는 코워킹스페이스의 이점은 그곳에서 인맥을 넓힐 수 있다는 점입니다. 공유 공간에는 프로그래머나 디자이너, 또는 프리랜서 작가 등 다양한 직종의 사람들이 모여들어 온라인과는 다른 소통의 장이 형성된다고 합니다.

인터넷 때문에 모든 커뮤니티가 온라인으로 옮겨간 것처럼 보이지만 전부 그런 것만은 아닙니다. 눈에 띄지 않았을 뿐 이런 장소에서 우연한 만남이나 대화를 나눌 수 있는 관계로 남아 있는 것입니다.

도쿄의 롯폰기, 아카사카에 존재하는 회원제 도서관 '아카데미 힐스'도 고속 인터넷이나 편안한 좌석이 완비된 작업 공간인데 엄선된 서적, 최신 화제 서적 등을 언제나 열람

위워크에서 행사를 진행하는 모습이다.

할 수 있는 점에서 '방문하는 서재'로 이용할 수 있습니다.

　이 정도 설비까지 갖추지는 않았어도 하루 몇 만 원으로 이용할 수 있는 코워킹스페이스는 얼마든지 있습니다. 집 이외의 설비를 갖춘 공간에 '기지基地'를 마련할 수 있는 시대가 온 것입니다.

외부에서
일터를 만드는 선택

집에 서재가 있더라도 밖에 '기지'라는 활동 장소를 확보해 두는 것은 지적 생활의 동기부여를 지키기 위해서도 큰 의미가 있습니다.

앞서 말한 바와 같이 자택의 서재를 나만의 '보금자리' '동굴', '틀어박힐 둥지'로 표현해서 그 영역에서 일하기를 즐기는 작가들이 많은데 그런 만큼 일부러 사람이 붐비는 곳이나 시내에서 영감을 얻는 사람도 많습니다.

예를 들어 해리포터를 쓴 조앤 K. 롤링Joanne K. Rowling이 처음 몇 권을 에든버러의 카페 '엘리펀트 하우스The elephant house'의 구석에서 썼다는 일화는 그곳이 관광 명소가 됐을 만큼 유명한 이야기입니다.

작가 말콤 글래드웰도 스스로 외톨이를 자처해 무선 인터넷망도 없는 '세금처럼 비싼' 커피를 파는 카페를 골라서 일을 했다고 전했습니다.

서재가 자신으로 되돌아오기 위한 집이라면 장소를 바꿔 타인의 시선과 소란스러움 속에서 일을 하는 것은 여행을 하는 것과 같은 효과가 있습니다. 일상의 차분함 가운데서 일을 하는 것과 비일상을 연출해서 일을 하는 차이라고 할 수 있습니다.

움직이는 서재를
가지다

코워킹스페이스를 밖에 있는 서재처럼 이용할 경우 반드시 고려해야 하는 것은 당신이 축적하고 싶은 활동과 관계되는 정보를 전부 가지고 다니든가 아니면 가상 저장 공간인 클라우드에 보관해 언제든 접근할 수 있도록 하는 것입니다.

일하는 장소를 힘들게 마련해두고 집에서 편안하게 지내듯이 이용하지 못한다면 의미가 없기 때문입니다. 이런 점을 방지하기 위해 일종의 과감한 투자로서 밖에서 활동할 때 필요한 지적 생활 전용 컴퓨터를 준비하는 것도 좋습니다.

한때 어디에서라도 컴퓨터 하나로 일을 하는 사람을 '유목민'이라고 부르던 시절이 있었습니다. 대부분의 사람들은 '유목'을 '어디라도 간다'는 의미로 이해했지만 실제로 여기서 의미하는 바는 정처 없이 떠돌아다닌다는 의미가 아닙니다.

명확한 목적을 가지고 오랜 시간에 걸쳐 전수받은 목초지를 다니는 사람이 진짜 유목민입니다. 마찬가지로 목적에 따라 일할 장소를 자택이나 외부로 바꿔가며 가장 일하기에 편안한 환경을 선택하는 사람이야 말로 어쩌면 현대의 진정한 유목민이라고 할 것입니다.

06

10년 후의
인생을 설계하다

미래는 알 수 없어도 전략을 세우는 일은 가능합니다.
10년 후의 지적 생활을 생각해서
오늘의 생활과 목표를 설계해봅시다.

38.
1년, 3년, 5년차
지적 생활의 목표를 설계하라

나는 그동안 지적 생활의 실천 방법으로 '장기적인'이라는
말과 '결과적으로'라는 표현을 반복해왔습니다. 장시간 동안
축적해야 효과가 있다는 사실을 기대하면서, 지금 반복하고
있는 지적 축적에 집중해야 한다는 입장이기 때문입니다.

그렇다면 1년, 3년, 5년이라는 긴 시간을 목표로 하는 것
은 어떻습니까? 미래에 대해 어느 정도 예측을 세우면서 하
루하루의 지적 생활을 음미하는 자세는 매우 중요합니다.

모든 와인이 숙성한다고 전부 맛이 깊어지는 것이 아니듯
단기적으로 세운 목표와 장기적인 목표는 병행해서 진행해
야만 지적 생활의 수확을 최대치로 거둘 수 있습니다.

최초 1년

새로운 종류를 개척하거나 새로운 기술을 시험하기 시작한 처음 1년은 모색할 것이 아직 많을 때입니다. 책이라면 아직 기본적인 부분밖에 읽지 않았고, 다음에 어떤 책을 읽으면 이해도나 전문성이 높아지는지 방향 감각이 없을 것입니다. 이 단계에서는 아직 얕은 냇가에서 놀기 시작한 정도이기 때문입니다.

대학에서 석사 과정에 진학한 학생을 지도할 때, 나는 먼저 자신만의 주제와 연관된 100편의 논문을 찾는 일부터 시작하라고 가르쳤습니다. 100편을 직접 읽는 게 아니라 찾는 것만으로도 처음에는 무엇을 찾아야 좋은지, 관련된 논문으로 무엇이 있는지를 살펴보는 시간을 갖게 되어, 결과적으로 좋은 훈련이 되었습니다.

마찬가지로, 최초 1년은 도전하는 분야의 구조를 일일이 찾아서 아는 것만으로 끝날 가능성이 높습니다. 하지만 하루에 약 2시간, 1년이면 730시간을 외국어 공부에 매달린다면 적어도 기초는 마칠 수 있고, 프로그래밍 언어라면 기초에 숙달되어 다음 단계로 옮겨갈 수 있는 수준에 이르게 됩니다.

이 정도라면 불가능해 보이기만 했던 경지에 발을 들여놓기에 충분한 시간입니다. 이렇게 처음 1년을 보내는 동안 축적한 정보를 발신할 블로그를 개설하면 어떨까요?

아는 정보를 모아서 하루에 단 1개라도 블로그 기사를 써나가는 나름의 축적을 해봅시다. 본격적인 블로그 활동을 준비하기에 1년이라는 시간은 매우 알맞은 시기입니다. 어쨌든 여기서는 절대 그만두어서는 안 됩니다.

2~3년의 목표

선택한 종류에 점차 깊이가 생기기 시작하고, 정보 발신의 기술을 선별할 수 있는 시기가 바로 2~3년이 지난 때입니다.

하나의 기사를 쓰는 동안에 문체가 자꾸 바뀌던 처음과는 달리 블로그를 쓰는 방법이 안정되고, 화제의 선별 능력도 몸에 배어 다음에 읽어야 할 책이나 시험하고 싶은 것에 욕심이 생기는 시기입니다.

3년째에는 얕은 개울을 벗어나 단숨에 깊숙이 도달하기 위해 나만의 전문 영역, 즉 틈새 개척이 목표가 됩니다. 한 종류의 장르를 모두 정리하거나 한 작가의 전 작품을 모두 읽는 등 속도를 더해 애호가에서 전문가로 발돋움합니다.

이쯤 되면 블로그 기사의 정보 발신도 조회 수가 일정 수준까지 모아집니다. 일주일에 두 차례 글을 올려서 300개의 기사가 완성되면 한 권의 책으로 묶을 수도 있습니다. 자기가 쓴 글에서 반응이 좋았던 게시글을 골라 출판에 도전하는 일도 이 무렵에는 가능합니다.

정기적인 정보 발신에 의해 고정 독자가 생긴다면 더욱 좋겠지요. 독자가 있다는 것은 발신하는 재료가 좋고 나쁨에도 감각이 생겼다는 증거이니 말입니다.

하지만 이때는 목표하지 않은 것을 끊기에도 좋은 시기입니다. 그렇다고 해서 여기까지 축적한 기술이나 정보가 쓸모없어졌다는 얘기가 아닙니다. 축적한 것들 중에서 다음 과제에 심층적으로 적용 가능한 것들을 선별해보자는 얘기입니다. 어쨌든 이 시기에도 포기란 없습니다.

4~5년의 목표

지적 생활을 시작해서 4~5년이 지나면 처음에 했던 예상을 벗어나는 시기가 옵니다. 여기까지 오면 인생의 큰 흐름에 영향을 받게 됩니다. 이직이나 이사가 그렇고, 젊은이라면 결혼이나 육아가 시작되는 시기이기도 합니다.

이때부터 지적 생활의 축적은 느린 속도의 라이프워크를 추구하는 흐름과 1~2년의 빠른 유행에 편승하려고 하는 경향이 자연스럽게 중첩됩니다. 그럴 때 '이 분야만큼은 양보하지 않겠다'는 전문성과, 그 전문성의 주변을 위성처럼 둘러싼 흥밋거리들을 구별하는 안목을 갖추게 됩니다.

이 시기는 낡은 정보를 다시 한 번 음미하는 시기이기도 합니다. 나는 매년 가을이 되면 내 인생을 바꿨던 책을 꼭 다시 읽는 습관이 있는데, 그런 책들에서는 몇 년이 지나도 새로운 생각과 감동을 발견하곤 합니다. 마찬가지로 시간이 지날수록 깊이가 생기는 주제와 하루하루의 유행을 좇는 주제가 쌍두마차가 되면, 지적 생활은 긴 시간이 걸리는 라이프워크와 일상의 자극이라는 양쪽을 만족시킬 수 있게 됩니다.

천천히 변화하면서 다음 1~2년의 축적을 위한 씨앗을 뿌리고, 1~2년 전부터 쌓아온 것들을 수확합니다. 이런 속도감이 점차 생겨나는 때가 4~5년째 시기입니다.

미국에서 시작된 라이프워크라는 트렌드를 좇기 시작한 나는 블로그에서 그것을 정기적으로 발신하는 데 2년, 첫 책을 내기까지는 3년, 전부 모아서 정리한 책을 쓰기까지 10년이 걸렸습니다.

그 사이에도 흥밋거리나 유행이 되는 정보 발신도 계속하면서 지냈습니다. 모두 다 결과물을 만들어내지는 못했지만 지적인 축적을 어떤 형태로 만드는 일이 일상이 되고부터는 '다음은 무엇을 공부할까?', '다음은 무엇을 정리할까?'가 하루의 중요한 관심사가 되었습니다.

가끔은 힘이 들기도 하고 계획에서 벗어나기도 할 것입니다. 세상의 유행이 크게 변하고 정보 발신을 향한 관심이 줄어들 수도 있습니다.

하지만 기대하는 마음을 잃지 않고 지속할 수 있다면 이제부터는, 이미 지나갔던 길을 다시 걷는 듯한 편안함을 느끼게 될 것입니다. 어쨌든 흥미를 찾아가는 여정을 그만두어서는 안 됩니다. 지적 생활에 있어 끈질긴 노력은 하나의 미덕이고 성공의 열쇠입니다.

39.
남을 앞지른다는 것에
대하여

오래전에 세계적으로 유명한 과학자와 단둘이 거실을 함께 쓰는 행운을 얻은 적이 있습니다. 내가 스승으로 우러러보던 이 연구자는 한 분야의 기초가 되는 여러 업적을 발표하며 세계적으로 주목을 받았습니다.

그런데도 권위적인 면이라곤 전혀 없는 순수한 사람이라 함께 지내는 동안 스펀지가 잉크를 빨아들이듯 나는 그의 가르침을 필사적으로 따랐습니다.

어느 날 둘이서 어떤 연구에 관해 논의할 때였습니다. 나는 어떻게든 교수님의 지적을 피하면서 매우 신중하게 발언을 해나갔습니다.

"그것을 말하기에는 아직 시기상조가 아닐까요? 저는 잘 모르는 분야라 공부를 더 해야겠습니다."

그러자 교수님은 매우 불만스러운 얼굴로 이렇게 말씀하셨습니다.

"이보게, 우리 속담에 남을 앞질러 공을 세운다는 말도 있지 않은가? 그런 당당함이 없으면 안 되지."

'남을 앞질러 공을 세운다는 것'은 남들이 하기 전에 내가 먼저 공을 쌓는 행위로 다소 영악한 느낌이 드는 말이어서 놀랄 수밖에 없었습니다. 하지만 교수님은 쐐기를 박듯이 말했습니다.

"연구자는 주위 사람들을 의식할 필요 없이 내가 먼저 발표해버려야 한다는 걸 잊지 말게."

내 삶을 위해
앞장 서다

교수님이 지적한 말은 과학 분야의 논문에 관한 내용이었지만, 우리들이 지적인 축적을 통해 자신만의 삶의 형태를 만들어갈 때도 이 말은 특별한 영향력을 지닙니다.

이 책에서 나는 장기적인 관점을 가지고 정보를 축적하고 생각을 심화시켜 나가면 개성 있는 발상을 즐길 수 있다고 여러 번 강조해왔지만, 그것이 반드시 오랜 시간이 걸려야 한다는 의미는 아니었습니다.

필립 길버트 해머튼은 《지적 생활의 즐거움》에서 영국 작가 아서 헬프스Arthur Helps의 다음과 같은 말을 인용합니다.

"인생의 절정기를 지나버린 사람이 자신의 생애를 돌아보면서 자신이 범한 최대 과오를 생각해보면, 그것은 자신이 세운 여러 가지 계획들을 완수하려면 얼마의 시간이 걸리는가 하는 점을 충분히 예측하지 못한 것이라는 결론에 이르게 된다."

지적인 축적에는 시간이 걸립니다. 하지만 하루하루 뭔가 완성된 보람을 느껴야만 축적을 계속해나갈 수가 있습니다. 나와 거실을 함께 썼던 교수님은 자신이 수재가 아니라며 늘 이렇게 말씀하셨습니다.

"나는 다른 사람들보다 생각하는 능력이 모자란다네. 하지만 끈기가 있지. 한 가지를 가지고 계속 생각하다 보면 머리 좋은 사람이 금방 이해하고 지나치는 것도, 그들보다 10배는 더 시간이 걸리더라도 그리 단순한 게 아니라는 사실을 알게 되지."

교수님이 '남을 앞질러 공을 세운다'라고 표현한 것은, 모두가 지나쳐버린 맹점을 찾아내는 데 시간이 걸리는 것은 어쩔 수 없더라도, 그것을 찾아냈다면 누구의 의견도 기다릴 것 없이 거침없이 발표해야 한다고 말한 것입니다.

　젊은 시절 시대에 앞선 논문을 발표하여 동료들의 세찬 비판을 들었던 교수님은 자신의 삶을 그런 생활에 바친 것을 절대 후회하지 않는다며 이렇게 덧붙였습니다.

　"다른 사람이 헐뜯는다고 내가 그렇게 무너질 리는 없지 않은가!"

40.
장기적인 건강관리를
통계화하라

지적 생활의 설계는 장기적으로 생각할 때 지적 축적이 가능한지의 여부를 살피는 일입니다. 이런저런 장기적인 일 중에서도 가장 길게 내다봐야 하는 게 바로 자신의 건강 수명입니다.

누구도 자신의 수명을 알 수 없습니다. 하지만 통계적으로 관찰한 결과 삶을 조금 더 연장하거나 지적 생활을 오래 유지하기 위해 적용할 수 있는 생활 습관은 따로 있었습니다.

예를 들어 비만율이나 생활 습관과는 상관없이 하루에 5분 정도의 조깅을 3년 정도 실천하면 평균 수명을 연장하는 데 대단히 효과적이라는 연구가 있습니다.

보통 사람이 일주일에 2시간 정도를 운동할 때 이를 40년으로 환산하면 약 173일로 총 반년의 시간에 해당합니다. 그 수치는 평균적으로 3.2년의 수명이 늘어날 수 있다는 얘기로, 전체 수명을 고려해 환산하면 약 2.8년을 벌었다는 계산이 나옵니다. 조깅을 한 시간 하면 7시간이 되돌아온다고 생각해도 좋습니다.

잠도 같은 방식의 통계로 살펴볼 수 있습니다. 6시간 이하의 수면을 지속하는 사람은 6~8시간 수면을 취하는 사람에 비해 12퍼센트 일찍 사망한다는 통계가 있습니다.

이 두 가지 사항은 신체의 건강에 깊이 얽혀 영향을 주지만, 단순히 전부 다 주의한다고 문제가 해결되는 것은 아닙니다. 다만 운동과 수면이라는 기본을 확보하는 것만으로도 장기적인 건강 관리에 유익한 영향을 미칠 수 있다는 점을 명심하기 바랍니다.

건강 모니터링을
자동화한다

건강 모니터링은 어느 정도 자동화할 수 있습니다. 가령 스마트워치 같은 활동량 측정기는 몸에 착용하기만 해도 평소의 칼로리 소비량이나 수면 상태를 상세하게 기록해줍니다. 여기에 운동 관리나 식사 통계를 모아서 정리해주는 앱 서비스를 이용하면 자신의 건강을 객관적으로 살펴볼 수 있습니다.

가령 눔Noom, 체중 감량, 당뇨 예방 등을 위해 식단 조절이나 운동 상담을 제공하는 모바일 헬스케어 업체—역주은 매일의 활동이나 식사를 입력하면 그에 따른 다이어트 조언이 자동적으로 올라옵니다. 매일의 조언에 따르기만 해도 차근차근 건강한 생활에 다가갈 수 있어 마치 코치가 함께하는 듯한 안정감이 듭니다.

젊은이들에게 평균 수명이라는 화두는 먼 이야기로 들릴지도 모릅니다. 하지만 언제까지 건강하게 지낼 수 있을지, 언제까지 살아갈 수 있을지는 미리 감지할 수 있는 문제가 아니기에 건강에 일정한 지출을 할당하는 것은 미래를 위한 의미 있는 투자라고 할 수 있습니다.

41.
가끔은 안식년을 가져라

사람은 누구나 가끔씩은 바쁜 생활에서 벗어나 휴식을 취할 필요가 있습니다. 그러면서 일관되게 지켜온 지적 생활에서 조금 벗어날 필요가 있습니다.

해외 대학이나 연구소에서는 오래전부터 안식년 제도를 도입해, 요건이 충족되면 짧게는 수개월부터 길게는 몇 년 동안 하던 일을 멈추고 휴식 기간을 가질 수가 있습니다.

그러나 안식년은 엄밀히 말해서 무조건 쉬는 기간이 아닙니다. 대개는 책을 쓰거나 연구 조사를 위한 답사나 여행을 하는 기간으로 사용합니다. 수업의 의무에서 벗어나 평소대로 자신의 연구실에 출근하여 책을 집필하는 교수도 있습니다.

나는 지적 생활을 위한 안식년을 제안하고 싶습니다. 몇 년이나 똑같은 패턴의 지적 생활을 계속 하다 보면 특정한 습관의 틀 속에서만 생각할 수밖에 없기 때문입니다.

내 주변에는 매일 정보를 수집하거나 블로그에 글을 게시하고, 일주일에 한 번씩 매체에 원고를 투고하는 등 굉장히 많은 결과물을 내놓는 사람들이 많은데, 간혹 그들 중 어느 날 불이 꺼지듯이 작업을 멈춰버리는 경우가 있습니다.

일본의 인터넷 마케팅 기업인 '애자일 미디어 네트워크Agile Media Network'가 2004년부터 2011년까지 주최한 '알파 블로거 어워드'라는 상이 있었습니다. 매년 굉장히 개성적인 블로거가 선발되었는데, 지금 그들의 블로그를 찾아보면 현재까지 활동을 계속하고 있는 곳은 절반도 되지 않습니다.

블로그를 폐쇄한 이유는 여러 가지겠지만, 시대가 바뀌어서 그 당시 천착했던 주제의 의미가 사라진 경우가 대부분입니다. 그들을 더 추적해보면, 일부러 활동을 일단락 짓고 다른 발신 수단을 모색하거나 다른 주제를 고민해보는 시간을 갖고 있다는 사실을 알게 됩니다.

그들의 사례에서도 보듯이 내 안에 일정 기간의 휴식이나 진로를 바꿀 자유를 남겨두는 것이 보다 장기적인 활동으로 이끄는 길임을 알 수 있습니다.

스마트폰에서 벗어나
가끔은 휴식을 갖자

안식년 기간을 가질 때 특히 염두에 둬야 할 것은 디지털 미디어를 다루는 방법을 재검토하는 일입니다. 미국 작가 해리스 마이클Harris Michael은 《우리에겐 쉼표가 필요하다The End of Absence》에서, 지금 우리 사회는 인터넷이나 스마트폰의 발전에 따른 변화로 단순히 정보량이 늘었다는 것에 그치지 않고 '부재라는 상태 그 자체가 소실된 상황'이라고 말합니다.

바로 얼마 전까지도 시간적 여유가 생기면 쓸데없는 공상을 하거나 자신의 내면과 대화를 나누기도 했는데, 지금은 그런 시간이 생기면 스마트폰을 꺼내 정보를 찾고 친구에게 메시지를 보내는 식으로 변해버렸다는 것입니다.

우리들의 서재가 종이책과 전자책이 뒤섞인 복합적인 장소인 것과 마찬가지로, 우리들은 아직 스마트폰이 없는, 보다 느슨한 정보의 흐름을 의식할 수 있는 단계에 있습니다.

한 번쯤은 일주일간 스마트폰을 쓰지 말고 지내봅시다. 인터넷에서도 일주일간 떨어져서 지내봅시다. 다른 정보의 흐름 속에 몸을 맡기면 자신의 지적 생활이 가진 정보의 균형을 객관적으로 볼 수 있습니다.

성급한 정보의 입력에 드는 시간이 보다 완만한 지적인 입력에 걸리는 시간과 균형을 이루고 있는지 정기적인 평가가 필요합니다.

42.
아마추어라는 인식을
목표로 하자

미국 작가 에드워드 사이드Edward Said는 비교문화론의 명저
인 《오리엔탈리즘Orientalism》의 저자로 유명하지만, 그에게
는 오랜 강연 활동을 토대로 한 훌륭한 책 《지식인의 표상
Representations Of The Intellectual》도 있습니다.

지식인이라면 대학이나 연구소에서 복잡한 이론을 발표
하는 사람을 상상하겠지만, 기독교인이면서 팔레스타인 사
람으로 태어난 그는 중동 문제를 현실적으로 파악하기 위해
몸소 전투 현장에 참여한 활동가이기도 했습니다.

그는 지식인이란 항상 망명자처럼 주류에서 떨어져서 주
변인처럼 살아야 한다고 주장했습니다. 가령 누군가가 '평

범한 사람은 ○○해야 한다'면서 상식을 방패 삼아 무언가를 주장한다면, 평범하다는 말에 상처를 입은 사람의 관점에서 그것을 되새겨봐야 한다는 게 그의 생각이었습니다.

그는 그런 입장을 '아마추어적'이라고 정의했습니다. 상아탑에 존재하는 전문가의 입장이 아니라 현장에서 보고 듣고 깨닫는 것을 위주로 아마추어처럼 발언하라는 게 그의 철학인 것입니다.

기껏 읽은 책이
가치가 없다고?

이런 사고방식은 매우 실제적이기도 합니다. 지적 축적이 심화되고 정보가 늘어날수록 반대로 모르는 일도 늘어갈 것입니다. 그렇기에 누구보다도 그 주제에 대해 잘 알게 되었다고 자부하는 최전선에서, 반대로 가장 무지한 아마추어가 되라는 것입니다.

나심 니콜라스 탈레브Nassim Nicholas Taleb는 미국의 경제위기를 예측한 책《블랙 스완The Black Swan》에서 기호학자이며 소설가인 움베르토 에코의 거대한 서재를 예로 들며 이렇게 말했습니다.

"많은 사람들은 '여기에 있는 책을 전부 읽었단 말인가?'라고 묻지만, 현명한 소수는 그것이 허영심을 충족하기 위한 게 아니라 연구의 도구임을 알고 있다. 읽은 책은 읽지 않은 책에 비해 훨씬 가치가 낮은 것이다."

읽은 책에 가치가 없고, 읽지 않은 책이야말로 가치가 있다는 말은 언뜻 보면 반대가 아닌가 싶기도 하지만, 잘 생각해보면 그렇다고 절로 고개를 끄덕이게 됩니다.

우리들은 결코 모든 책을 읽을 수 없고 세상에 있는 모든 음악도, 영화도, 모두 경험할 수 없습니다. 아무리 연구해도 그 바깥 면에는 더욱 탐구해야 할 정보가 흩어져 있어서 우리들을 더욱 독려하고 있습니다.

자신의 무력감에 놀라며 햇병아리 시절의 솔직함과 '나는 아무것도 알지 못한다'는 아마추어의 마음으로 다음 한 발을 내딛게 하는 장소. 그곳이야말로 지적 생활의 최전선이면서 우리들이 매일 정보와의 싸움 속에서 되도록 오랫동안 머물고 싶은 땅입니다.

나만이 발견할 수 있는
'축적'을 목표로

미국의 어느 언론에 흥미로운 기사가 실린 적이 있습니다.

이 기사에서는 15세에 연간 100권의 책을 읽는다고 결심한 아이가 80세까지 그 다짐을 실천한다 해도 기껏해야 6500권밖에 읽지 못하는 것을 상정해서 가령, 근대 이후 250년 동안의 책만 골라도 매해 각각 20권 정도밖에 고를 수 없다는 계산을 소개하고 있습니다.

우리들은 수많은 것들을 놓치고 마는 상황에 처할 수밖에 없습니다. 이것은 우리들 인생에 주어진 시간이 짧다는 슬픈 사실을 알려주기도 하지만 한편으론 우리들이 쌓아올린 것에 대한 겸허한 마음도 깨닫게 합니다.

우리들의 지적 축적은 사막의 모래 한 알에 지나지 않을지도 모르지만, 그래도 우리들이 선택한 기적의 '하나'라고도 할 수 있습니다. 그렇기 때문에 지식의 양 그 자체가 아닌 자신만이 발견할 수 있는 지적 축적을 목표로 살아가야 합니다.

43.
준비된 사람만이
기회를 얻는다

지적인 정보 수집과 정보 발신은 서로 반대되는 개념입니다. 정보의 수집이나 축적은 차근차근 실행하는 데 반해서 발신하는 것에는 신선도의 문제가 더 중요합니다.

내가 아이폰에 관한 책을 집필했을 때, 그 책의 주제를 '아이폰은 클라우드를 향해 열린 문이다'로 잡은 적이 있습니다.

아이폰에 관해서는 일본에 들어오기 전부터 정보를 모으고 있었기 때문에, 그것을 중심으로 당시 주목받기 시작했던 클라우드 서비스라는 화제와 연관 지었던 것입니다. 과거와 아주 조금 나아간 미래를 이을 수 있었기 때문에 이 책은 호평을 받았습니다.

이렇듯 평소의 정보 수집은 반드시 과거의 화제나 이미 일어난 것이 중심이 되지만 그것을 응용해서 다음에 일어날 일을 예상하고 보이기 시작하는 연관성을 생각해서 발신하는 것으로 화제의 파도에 오를 수 있습니다.

캐나다의 전설적인 하키 선수인 웨인 그레츠키Wayne Gretzky의 아버지는 자신의 아들에게 어려서부터 이렇게 가르쳤다고 합니다.

"퍽이 있는 곳을 쫓는 것은 의미가 없다. 그것이 향하는 곳으로 가야 한다."

미래를 완전히 예측하는 것에는 무리가 있지만 상대편 선수의 움직임을 보고 있으면 향하는 곳을 알 수 있듯이, 연관성을 기준으로 반 발 앞선 미래를 예상해서 발신하는 일은 가능할 것입니다.

세계는 8~10년을 주기로 돌고 있다

정보를 앞지르기 위해서는 일부러 늦는 것을 목표로 하는 방법도 있습니다. '하늘 아래 새로운 것은 없다'는 성경 구절처럼 새롭게 보이는 것이 사실은 과거에 있었던 것에서 조금 바뀐 것뿐이라는 사실은 익히 들어 알고 있을 것입니다.

팟캐스트가 생긴 것은 2005년쯤이지만, 2014년에 애플이 카플레이Carplay*를 발표한 전후부터 다시 주목을 받고 있습니다. 지금도 팟캐스트는 두 번째 붐을 일으킬 만큼 높은 인기를 누리고 있습니다.

그런가 하면 유튜브에서 게임 실황으로 겨우겨우 연명하던 사람들은 2005년부터 있었지만, 이제야 게임 실황이 거대한 산업으로 성장하고 있습니다.

다소 시간 차이가 있고, 같은 매체가 아닐 가능성도 있지만 과거의 정보나 기술을 응용할 수 있는 유행의 주기는 8~10년으로 반복되는 경향이 있습니다. 이렇듯이 세상 곳곳에 하나의 주기가 존재한다는 것을 알게 되면 다음의 파도가 시작되는 조짐을 빠르게 간파할 수 있을 것입니다.

"트위터 다음은 무엇일까? 구글 다음에는 무엇이 있을까? 스마트폰의 다음은?"

이제 이런 식으로 변화를 기대하고 예측하며 기다려 봅시

---

* 애플에서 개발한 자동차 미러링 서비스로, 모바일과 연동하여 차량에서 음악, 지도, 달력 등 여러 앱 기능을 사용할 수 있다. 구글에서는 안드로이드 오토를 출시했다.

다. 그간 꾸준하게 배워온 정보 발신의 기술, 가령 음성 편집이나 동영상 편집, 프로그래밍은 다음의 큰 파도를 타기 위해서 응용할 수도 있습니다. 완전히 제로에서 시작하는 파도는 없으니 말입니다.

나중에 유행이 한참 번지고 있는데 뒤를 좇기만 하는 사람은 성공은커녕 허구한 날 우왕좌왕할 뿐입니다. 반대로 진득하게 파도를 기다리는 사람에게 기회는 두 번, 세 번 찾아올 것입니다. 나는 당신이 바로 그런 사람이기를 진심으로 바랍니다.

44.
지적 생활로 10년 후의
인생을 설계하라

10년 전에 당신은 무슨 일을 하고 있었습니까? 10년 후에 당신은 무엇을 하고 있을까요? 10년이라는 시간은 세상이 바뀌는 긴 시간입니다. 그 시간 동안 역사가 바뀌고, 국경선이 다르게 그려지며, 상상을 넘어선 새로운 기술이 탄생하기도 합니다.

10년은 생활을 바꾸는 새로운 제도가 세상에 스며들어 세대가 변하고, 아이들은 어른이 되고 청년은 장년이 되며, 친했던 사람들이 하나둘 사라질 정도의 긴 시간입니다.

10년 후에 당신은 몇 살입니까? 10년 후에도 지금과 같은 생활을 유지할 수 있다면, 당신은 어느 곳에서 누구와 함께 무엇을 하고 싶습니까?

어려운 문제지만 지금까지 이 책을 읽고 장기적인 지적 생활의 습관을 생각했다면, 그리 답하기 어려운 문제는 아닐 것입니다. 그것은 오늘 실천하고 있는 생활의 습관 중에 10년 후에도 계속하고 싶은 것은 무엇인지를 묻는 질문이기도 합니다.

일상을
충실한 삶으로 바꾸다

지금 다양한 책을 탐독하면서 새로운 발견을 즐기고 있는 사람이라면 10년 후에도 아마 그 일을 지속하고 있을 것입니다. 지금 영화를 좋아하는 사람이라면 10년 후에도 영화에 빠져 있을 게 틀림없습니다.

지금 그림이나 시 같은 예술 작품을 만들고 있는 사람도 아마도 어떤 형태로든 뭔가를 창작하는 생활을 계속하고 있을 것입니다.

어떤 식으로든 지적 축적을 하고 있는 사람은 단순히 일과성의 지적 소비에 머물지 않고 10년 동안 막대한 양의 축적을 확보하고 있을 것입니다.

하루에 책을 80페이지 읽는 사람은 약 30만 페이지와의 만남을 통해 어느 누구도 의식한 적 없는 연관성이나 발견을 찾아낼 수 있을지도 모릅니다.

영화나 음악을 좋아하는 사람이라면 수많은 작품이나 앨범을 통해 보다 폭넓은 심미안을 키우는 중일 테고, 주 2회 고정적으로 블로그 기사를 쓰는 사람은 1000개 내외의 기사를 썼을 것이고, 주 1회 동영상이나 팟캐스트를 제작하는 사람도 500회 이상의 에피소드를 만들어냈을 것입니다.

이런 축적은 모든 것이 순간적으로 만들어지는 게 아니라 그날그날의 흥미에 따라 지적 생활의 축적을 지속해온 결과로 탄생한 것입니다. 이렇게 보면, 지적 생활의 습관은 일상의 흥미와 즐거움을 삶의 보석으로 만드는 과정이라고 할 수 있습니다.

영구적인 기술과
조정 가능한 기술

이런 하루하루를 보내면, 당신에게는 두 종류의 기술이 축적될 것입니다. 하나는 기술이 어떻게 발전하더라도, 심지어 세상의 상식이 통째로 바뀌어도 사용되는 '영구적인 기술' 입니다.

이것은 집필 능력이나 정보를 선별하는 능력, 또는 논리적으로 사고하는 능력, 막대한 경험에서 오는 일반적인 지식 등 어디서도 응용 가능한 기술입니다.

이런 영구적인 기술을 가지면 다음 10년 동안 어떤 새로운 기술과 새로운 유행이 생겨도 그것에 대응할 수 있는 자신감을 갖게 됩니다.

취재 능력이나 집필 능력은 소재를 가리지 않고 사용할 수 있는 경우가 대부분이고, 어떤 종류의 지식은 다른 종류에도 응용할 수 있습니다.

사실 내가 상당한 양의 블로그 게시글을 쓰기 시작한 것도 처음에는 그 자체를 목적으로 삼았다기보다는 대량의 문장을 쓰면 어떤 화제를 놓고도 쉽게 다룰 수 있는 집필 능력을 기를 수 있을 것이라는 판단 때문이었습니다.

지적 생활의 습관은 시간이 걸리는 게 대부분이어서 그런 영구적인 기술의 문을 여는 계기가 되는 경우가 아주 많습니다.

다른 하나의 기술은, 시대에 따라 기술이나 유행이 변해도 통용될 수 있는 '조정 가능한 기술'입니다. 가령 동영상 편집 기술은 10년이 지나도 기본은 변하지 않을 것이고, 프로그래밍 언어의 인기가 바뀌어도 코딩의 기본은 바뀌지 않는 것처럼, 시대에 맞게 얼마든지 새로 배워서 이용할 수 있는 기술을 말합니다.

예를 들어 프로그래밍의 경우 몇 개의 언어를 배우면 금방 대부분의 지식을 응용할 수 있습니다. 작업에 필요한 실천적인 지식을 알아두면, 대개의 프로그래밍 언어와 관련된 기초 지식을 얻을 수 있기 때문입니다.

미래에 불안을 느끼는 사람은 장기적인 일자리를 지키기 위해 어떤 대책을 세워야 하는지 그저 헤매기만 하다가 세간의 유행을 좇는 경우가 많습니다. 지금은 클라우드가 유행이고, 다음은 AI라고 하는 식입니다.

그때마다의 버즈워드buzz word. 너무 일반적이라 검색 대상으로서 가치가 없는 말-역주로 갈아타기만 하고 구체적인 축적은 하지 못한 채 시간만 보내면서 실패를 하는 사람도 있습니다.

'영구적인 기술'이나 '조정 가능한 기술'은 10년이 지나도 활용할 수 있습니다. 그것은 드라이버나 쇠망치만큼이나 기본적이면서 결코 필요성이 없어지지 않는 기술입니다. 지적 생활을 장기적으로 지속하는 것은 이런 단단한 재능을 내 안에 쌓아두는 일이라고 할 수 있습니다.

10년 후가 아닌
평생토록

이런 기술에 '나'라는 필터를 통해 얻은 정보의 축적을 합치면 세상에서 그것을 제공할 수 있는 존재는 단 한 사람, 바로 당신입니다. 이제 당신만의 세계관을 구축할 수 있게 된 것입니다.

10년 후에 세상이 어떻게 될지는 누구도 알 수 없습니다. 사회가 변하고 있는 것은 틀림없는 사실이고, 지금은 사용법조차 상상할 수 없는 기기가 만들어질 가능성도 있습니다.

하지만 이 책을 읽은 당신은 어쩌면 10년 후에도 지금과 똑같이 10년 후도 매일의 흥미와 즐거움을 가슴에 품고 지적 생활을 하고 있을지도 모릅니다.

10년의 전략을 무기로 해서 그 다음 10년을 목표로 매일의 생활의 축적을 평생에 걸쳐 실천하도록 합시다. 1년 후, 3년 후, 5년 후, 10년 후, 그리고 머지않아 인생 그 자체가 되어갈 매일의 생활을 바로 지금부터 시작해봅시다. 바로 그것이 지적 생활의 설계입니다.

책을 읽는 것, 영화를 보는 것, 취미생활을 하는 것.
그 어느 것이라도 관계 없습니다.

새로운 정보가 어떤 방식으로든 축적된다면,

당신은 이미 '지적 생활' 중입니다.

옮긴이 홍미화

일본 고베대학교 이중언어학 대학원 과정을 전공했다. 전문 번역가로 활동하고 있다. 주요 역서로는 《아기와 함께 미니멀라이프》, 《프랑스인의 방에는 쓰레기통이 없다》, 《이 슬픔이 슬픈 채로 끝나지 않기를》, 《나가에의 심야상담소》, 《공부력》 외 다수가 있다. 그밖에 《나를 잡아먹는 사람들》은 일본국제교류기금의 2016년도 번역출판 조성사업 모집에 당선되어 출간했다.

지적 생활의 설계

초판 1쇄 인쇄일 2019년 06월 28일
초판 1쇄 발행일 2019년 07월 05일

지은이	호리 마사타케
옮긴이	홍미화
발행인	이승용
주간	이미숙

편집기획부	박지영 황예린	**디자인팀**	황아영 한혜주
마케팅부	송영우 김태운	**홍보마케팅팀**	조은주 김예진
경영지원팀	이루다 이소윤		

발행처	(주)홍익출판사
출판등록번호	제1-568호
출판등록	1987년 12월 1일
주소	[04043]서울 마포구 양화로 78-20(서교동 395-163)
대표전화	02-323-0421 **팩스** 02-337-0569
메일	editor@hongikbooks.com
홈페이지	www.hongikbooks.com

제작처	갑우문화사

파본은 본사나 구입하신 서점에서 교환하여 드립니다.
이 책의 내용은 저작권법의 보호를 받는 저작물이므로 무단 전재와 무단 복제를 금합니다.

ISBN 978-89-7065-693-9 (03190)

이 도서의 국립중앙도서관 출판예정도서목록(CIP)은
서지정보유통지원시스템 홈페이지(http://seoji.nl.go.kr)와
국가자료공동목록시스템(http://www.nl.go.kr/kolisnet)에서 이용하실 수 있습니다.
(CIP제어번호: CIP2019022545)